MasterLife

塑造主生命

門徒訓練

品格篇

浸

浸

塑造主生命門徒訓練——品格篇

作　　者：韋愛華
　　　　　摩　亞
責任編輯：袁玉麟
執行編輯：梁伍瑞英
編輯及翻譯：李慶餘
美術設計：鍾穎思
出版兼發行：浸信會出版社（國際）有限公司
香港九龍太子道西三二二號
電話：（852）2336-0161
圖文傳真：（852）2336-4186
電郵：bappress@hotmail.com
網址：www.bappress.org
印刷：海洋印務有限公司
督印人：蕭恩松

2002 年 12 月初版
2003 年 12 月初版第二次印刷
編號：ED131
國際書號：962-933-222-1

香港印刷

MasterLife: The Disciple's Personality

Authors : Avery T. Willis, Jr. & Kay Moore
Editor-in-charge : Alan Yuen
Managing Editor : Eunice Leung
Editor & Translator : Jonathan Lee
Designer : Banjomen Chung
Published & Distributed by : Chinese Baptist Press (International) Limited
322 Prince Edward Road West
Kowloon, Hong Kong
Tel : (852) 2336-0161
Fax : (852) 2336-4186
e-mail : bappress@hotmail.com
http://www.bappress.org
Printer : Ocean Printing Co., Ltd.
Executive Director : Anselm Siao
Originally published in English under the title of
MasterLife: The Disciple's Personality ©1996 LifeWay Press
Chinese edition published by permission of LifeWay Press

First Edition : December 2002
First Edition Second Printing : December 2003
Code No.: ED131
ISBN : 962-933-222-1

Printed in Hong Kong

目錄

作者簡介

本書作者**韋愛華牧師**（Avery T. Willis, Jr.）現任美南浸信會聯會國際宣教部海外事工首席副總裁，同時亦為門徒訓練事工推動者。他的第一本《塑造主生命：領袖門徒訓練》（*MasterLife：Discipleship Training for Leaders*）早於1980年便已出版，直至現在，美國已超過二十五萬人使用該書。該書現有五十多個譯本，可供全球不同語言的群體使用。韋牧師還著有：《印尼的復興：為何二百萬人來就基督》（*Indonesian Revival : Why Two Million Came to Christ*）、《宣教的聖經基礎》（*The Biblical Basis of Mission*）、《塑造主生命：倍增領袖》（*Master Builder : Multiplying Leaders*）、《門訓與教義的聖經指引》（*Bible Guide to Discipleship and Doctrine*），以及多本用印尼文字寫成的著作。

韋牧師曾在奧克拉荷馬州與德克薩斯州牧養教會十年，任印尼宣教士十四年，其間擔任印尼浸信會神學院院長六年。他受任目前職位之前，曾擔任前美南浸信會聯會主日學部門徒訓練與家庭發展部門之成人事工主任，極力提倡信徒裝備事工（Lay Institute for Equipping，簡稱LIFE）和一系列的門訓深造課程。

摩亞女士（Kay Moore）為這《塑造主生命》新訂本合著人。她曾任美南浸信會門徒訓練成人事工、及主日學部家庭發展事工課程設計編輯。她帶領整個編輯部製作信徒裝備事工（LIFE）支援系列和聖經基礎課程，幫助人們處理生活中的各樣危機。她集作家、編輯和議會主席於一身，也撰寫或與人合著了不少有關家庭生活、關係及勵志的書籍。摩亞女士也是*Gathering the Missing Pieces in an Adopted Life*的作者，並且常常為基督教雜誌及靈修指引撰文。

前言

「塑造主生命」是一個持續性的小組訓練課程，目的在於幫助你與基督建立一個持久而順服的關係。《塑造主生命》共分四冊，本書正是《塑造主生命》的第二冊「品格篇」，其餘三冊分別為第一冊的「十架篇」、第三冊的「得勝篇」和第四冊的「使命篇」。通過學習不同的篇章，你將會認定基督為你生命的主，並樂意由祂管理你的生命。

本書能給你甚麼？

《塑造主生命》的宗旨是讓你過門徒的生活 —— 助你更像基督。為了達成這目標，你必須要跟從耶穌，作祂所教導門徒作的一切，並帶領更多人成為門徒。若你真的能如此行，《塑造主生命》便能令你深深感到作主門徒的滿足，以及與主建立關係的喜樂。我們衷心盼望以下門徒訓練的定義能成為你生活的指引：

> 「門徒訓練」就是指與耶穌基督建立一個個人的、終生的、順服的關係。在這關係裡，基督會把你的性格變得像祂，會把天國的價值觀成為你的價值觀，以及會把你放進祂的計劃裡，讓你在家庭、教會和世界中履行祂的大使命。

在《塑造主生命》第一冊「十架篇」中，你已學會，並且明白：與主建立個人關係的方法；透過繪畫門徒十架圖，說明基督期望門徒所要過的平衡生活的模式；基督希望成為你生命的中心，好讓你的行事為人能反映祂在你生命中的位置。

在《塑造主生命》第二冊「品格篇」中，你將會繼續學習如何與主建立更深入的關係。第二冊的重點是：如何讓基督藉著聖靈，把你的性格塑造成神兒子的樣式。我相信你一定會有這樣的問題：雖然自己已成為基督徒，並且常常立志為善，但為何最終仍然會陷入罪中？你是否感到自己的內心深處，彷彿有兩個自己在互相鬥爭——一個是屬聖靈的，另一個是屬肉體的。主的門徒重生以後，並不是立時便擁有主的性情，同樣，我們雖然成為基督徒，但也並不代表我們能即時擁有主的性情。在本課程中，你將會學習如何讓聖靈把你的性格和行為，改變得像主一般的榮美，以至主能透過你的意志和生命來作成祂的工。事實上，只要你願意放下自己，並開放自己來接受聖靈的引導，住在你裡面的聖靈便能使你模成基督的樣式。你若能以基督為你生命的中心，你便能活在聖靈中。當你實踐「十架篇」中作主門徒的六項屬靈操練時，聖靈便能助你建立基督榮美的性情。這六項屬靈操練就是：

- 與主同在
- 活在主的話語中
- 信心禱告
- 信徒相交
- 向世人作見證
- 彼此服侍

《塑造主生命》的門訓過程

《塑造主生命》第二冊「品格篇」是二十四個星期門訓課程中的一部分。而在完成全部四冊的《塑造主生命》課程後，你便會擁有作為門徒必須有的資料和經驗。由於整套課程是循序漸進的，所以第一冊是第二冊的基礎和必讀本，第二冊是第三冊的基礎和必讀本，第三冊又是第四冊的基礎和必讀本。《塑造主生命》

是專為小組學習而設計的一系列課程，由於門訓所著重的，乃是作主門徒的經驗，所以，你在學習《塑造主生命》時所獲的經驗，將會是改變你生命的契機，也因此，當你把自己在學習跟隨主期間的經驗分享出來時，便可讓別人得益。

如何研讀本書？

本課程要求你用一星期中的五天來研習，在這每星期五天的課程中，你不單要完成有關的練習，也要進行不同的活動。而你每天只需抽出二十至三十分鐘，甚或更少的時間，便能把這些練習與活動完成。我們刻意把課程分為五天，好讓你有更多時間把所學的真理應用到日常生活中去。

還有，你也會發現，在不同習作之前會有不同的門訓標誌：

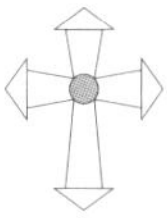
與主同在

活在主的話語中

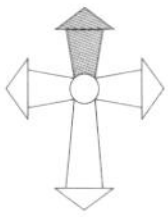
信心禱告

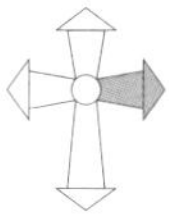
信徒相交

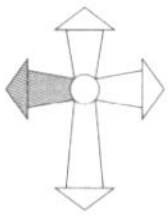
向世人作見證

彼此服侍

這些標誌把六項作門徒的操練與相關的活動連繫起來。這些活動都是習作的一部分，並已在每星期開始時的「本週與主同行」內列明。此外，這些標誌也有把每週的習作和每天的活動區分出來的作用。

在學習時，宜選一個固定時間和一個安靜、不受打擾的地方，最好也能帶備聖經，以便查考經文。背誦經文是學習的主要部分，所以你們必須預留時間來背誦金句。除非作者特別強調，否則，本書所採用的經文都是引自「現代標點和合本」(浸信會出版社）的。當然，你也可以選擇你喜歡的其他版本來背誦。

每當完成一天的習作後，我們都會翻到每星期開始時的「本週與主同行」。當你完成了「本週與主同行」的活動後，請於該活動前的◇符號內畫一直線。在隨後的小組討論中，另一位組員將會核對你的習作，並在◇符號內畫一橫線，如此，每個◇符號內便都會有一個十字架(◇ ⦶ ⊕)。這個過程能確保你在進入下一個課題前，已把本星期的所有習作完成。完成習作的速度可完全由你自己來控制，但必須在下一次的小組開始前完成。

門徒品格

你會在本書的第247-263頁找到「門徒品格」講解一文，它解釋了如何才能令自己的性格和行為變得更像主，而說明達致這種改變的方法，便正是本書的學習焦點。每星期，你都會學習「門徒品格」圖的不同部分，以及相關的經文。相信在本課程結束時，你便能用自己的話把整個的品格圖解說出來，並且可以背誦所有相關的經文。

門徒之約

在參加「塑造主生命」門徒訓練小組後，我便必須向神和小組盡忠，並立志遵從以下的事項。雖然我現在仍未能做到下面的每一項要求，但在簽名立約後，我便會在今後努力學習，把它們逐步實踐出來。

作為耶穌基督的門徒，我立志：

- 認耶穌基督為我每天生活的主；
- 出席全部小組課程，不隨便缺席；
- 每天花 20-30 分鐘來完成所有習作；
- 每日讀經靈修；
- 保持每日與主相交，讓神對我説話，我也對神説話；
- 殷勤聚會，作神忠心的管家；
- 愛護和鼓勵每一位組員；
- 與別人分享信仰；
- 在小組中分享出來的事，都是我和組員們的秘密，不容洩漏；
- 對人恭謹，願意承擔責任；
- 只要神給予機會，我願意訓練別人成為基督的門徒；
- 履行聖經對奉獻的教導，支持教會的財政；
- 天天為組員禱告。

見證人簽署：

______________________　______________________

______________________　______________________

______________________　______________________

______________________　______________________

立約人 ______________________　日期 ________________

第一週

遵行神的旨意

本週目標

讓聖靈在你裡面工作，好使你能夠明白和遵行神的旨意。

本週與主同行

你將會通過下列活動來進行作門徒的六項屬靈操練。每當你完成一項活動時，請在有關句子旁的◇符號內畫一直線。

與主同在

◇ 實行每天靈修，並定下一連二十一天的靈修目標。本週內哪一天有靈修的，請在當天的方格內加上「✓」號。

□主日　□ 週一　□週二　□週三　□週四
□週五　□週六

活在主的話語中

◇ 每天讀聖經，寫下神對你說的話和你對神說的話。

◇ 背誦腓立比書 2：13。

信心禱告

◇ 為小組內未信主的組員禱告。

◇ 向神認罪，接受神的赦免。

信徒相交

◇ 與一位家人好好相處。

向世人作見證

◇ 記念五位你要向他們作見證的朋友，把他們的名字寫在「禱告簿」上。又或結交五位新朋友，並作好向他們傳福音的準備。

彼此服侍

◇ 根據「門徒品格」圖，學習甚麼是整全的人格和天然的本性。

本週金句

「因為你們立志行事，都是神在你們心裡運行，為要成就祂的美意。」（腓 2：13）

第1天

誰在作主？

一天，一位十六歲的女孩問我如何才能明白神的旨意。我告訴她，神對每個人都有祂的旨意。為著解釋清楚，我向她舉了幾個例子，說：「妳可知道一個橘子有十瓣麼？妳可知道，西瓜的條紋通常都是偶數的麼？穀類如麥子、大麥、小米和黑麥等，每桿都有偶數的穀粒麼？妳又可知，成熟的玉米不單有偶數的玉米行和玉米粒，甚至有偶數的玉米鬚麼？」我問她：「神做了這麼多勻稱的東西，難道都是偶然的嗎？」

她問說：「你的意思是不是，無論神的旨意是甚麼，我都必須要去順服？」我答道：「神雖然早已為妳的一生訂下了祂的計劃，但祂不會強迫妳去遵從。一方面，祂會帶領妳實行祂的旨意；另一方面，祂也會給妳自由，讓妳自己決定是否順服祂的帶領。」

我繼續解釋說：「這就好像神給妳一份生命的藍圖。雖然祂希望藉妳的生命來建造一幢華美的大廈，但妳仍然可以選擇蓋一間茅屋。神渴望妳能按著祂的旨意過每一天，只要妳能讓基督成為妳生命的根基，又讓聖靈成為妳生命的建造者，那麼，主便能為妳成就更大、更重要的事情。」

此後，我便一直等著，要看看神在這女孩身上的作為。後來，她嫁給了一位牧師，並成為了宣教士，與丈夫一起到外國去，為拯救別人靈魂的工作而努力。她以基督為生命的根基，並讓聖靈建造她的生命和引導她的前路。

■ 在這個故事裡，這位女孩憑著甚麼找到神在她生命中的旨意呢？

through prayer

尋求神旨意的秘訣，就是自己甚麼都不作，而只以基督為根基，並讓聖靈親自引導你。故事中的女孩放下了自己的思想，接受聖靈的帶領，結果被帶進神的旨意中。

你也許會問：我怎樣才能如此行？我如何才能知道自己是活在神的旨意中，而不是靠自己而活呢？其實耶穌早就揀選了你，並呼召你來完成祂的旨意。正因你是被揀選的，所以耶穌不單是你的救主，也是你生命的主。因此，你必須學習捨己，並背起十字架來跟隨祂。在本週內，你將會學習遵行神旨意的方法。

當你完成本週的課程後，你便能夠：

- 分辨神的旨意和自己的意願。
- 解釋神要你遵行祂旨意的原因。
- 見證神如何供給你的需用，以至你能完成祂的旨意。
- 將神的旨意應用在日常生活中。

你的選擇

聖經告訴我們，神給我們選擇的能力，這種能力稱為「自由意志」。根據聖經，自由意志指的是：欲望、本能或行為的動機。

■ 以下是聖經提及自由意志的經文：

「我今日呼天喚地向你作見證；我將生死禍福陳明在你面前，所以你要揀選生命，使你和你的後裔都得存活；且愛耶和華你的神，聽從祂的話，專靠祂；因為祂是你的生命，你的日子長久，也在乎祂。這樣，你就可以在耶和華向你列祖亞伯拉罕、以撒、雅各起誓應許所賜的地上居住。」(申 30：19-20)

「我也知道在我裡頭，就是我肉體之中，沒有良善。因為，立志為善由得我，只是行出來由不得我。」(羅 7：18)

「你們要謹慎行事，不要像愚昧人，當像智慧人。要愛惜光陰，因為現今的世代邪惡。不要作糊塗人，要明白主的旨意如何。」(弗 5：15-17)

根據上列經文，你是否同意下列觀點：

1. 個人的意志可以向好的方面發展，
也可以向壞的方面發展。 ☑ 是 ☐ 否
2. 神永遠操控著人的意志。 ☐ 是 ☑ 否
3. 人能靠著肉體的本性，作他想作的善事。 ☐ 是 ☑ 否

也許，你以為自己有控制意志的能力，但你的罪惡本性卻攔阻你去做好事。神希望你行善，但是否行出來就讓你自行決定，因此，你可選擇行善，也可選擇行惡。神甚願你揀選祂的道路，所以，當你選上其他的道路而違背了祂旨意的時候，祂便十分傷心。本週金句說：「因為你們立志行事，都是神在你們心裡運行，為要成就祂的美意。」(腓 2：13)，這經文對我們來說，是多麼大的提醒啊！上面的正確答案是：1. 是；2. 否；3. 否。

每個信徒都是神成就旨意的工具，因此，在神的計劃中，他們都是寶貴的，正如彼得後書3：9說：「主所應許的尚未成就，有人以為祂是耽延，其實不是耽延，乃是寬容你們，不願有一人沉淪，乃願人人都悔改。」當人決志信主後，聖靈便會向他／她顯明神的心意。若你有聖靈內住的生命，你便會明白神的心意。

■ **你成為基督徒後，聖靈可有向你顯明神的心意？**

事奉，愛弟兄姊妹，有愛心。
不要自私，小器，要說誠實話。

你的答案可能是下列其中的一項：神要求我不要再說褻瀆的話；神要我經常參加教會的聚會；神要求我事奉祂。

■ **以下是聖經中提及神旨意的經文：**

「凡遵行我天父旨意的人，就是我的弟兄姊妹和母親了。」(太12：50)

「耶穌說：『我的食物就是遵行差我來者的旨意，作成祂的工。』」(約4：34)

「不要效法這個世界，只要心意更新而變化，叫你們察驗何為神的善良、純全、可喜悅的旨意。」(羅12：2)

「因此，我們自從聽見的日子，也就為你們不住的禱告祈求，願你們在一切屬靈的智慧悟性上，滿心知道神的旨意。」(西1：9)

試根據上面經文的意思，完成下列是非題：

T 1. 耶穌與遵行神旨意的人有一種特殊的關係。

T 2. 耶穌說，遵行神旨意便是祂到世上來的目的。

F 3. 人不可能尋求神的旨意。

T 4. 人可以尋求神的旨意。

耶穌說，凡遵行祂旨意的人，都可與祂建立一種特殊的關係。祂又說，遵行神的旨意就如飲食一樣，是祂在地上活著的目的，也是祂順服神的必然表現。若你願意被神改變，又願意讓神來更新你的心意，你便可與主耶穌一樣，明白神的旨意。以上各題，除第3題外，全部都是「是」的。

神旨意的特點

神的旨意與人的意願有很大的不同，特別是在能力和目的這兩方面上。人類用以實踐自己意願的能力是有限的，而人的意願無論有多美好，仍然會有動機不良和不誠實的時候。舉例來說，你很想領人歸主，讓人知道你是個了不起的基督徒，這樣，你為基督得人的動機便不是純正的，若你懷著這樣的心志，一旦遇上挫折，你便會放棄領人歸主的工作。

與人剛好相反，神有無限的能力來作成祂自己的旨意，而祂的旨意是全然聖潔、公平和不變的。祂決不會輕易改變自己的計劃，更不會因困難而退縮，因此，祂差遣聖靈到世上來，為要完成祂的旨意。

本週金句描述的是神在你身上工作，讓你能找到祂旨意的方法。請朗誦腓立比書2：13一至三遍。讀完之後，請在方格內填上「✓」號： □

成就神的旨意

當你要尋求神的旨意時，你很可能不知應從何入手，也很可能認為自己不能明白神的旨意，不曉得神在你裡面所作的工。其實，神非常樂意教導你明白和遵行祂旨意的方法。此外，當你看見神給你的旨意，以及祂在你身上的工作時，你便會樂意遵行祂的旨意，並甘心接受聖靈的光照和帶領。

■ **請讀以弗所書 1：5-6；12-14**

「又因愛我們，就按著自己意旨所喜悅的，預定我們藉著耶穌基督得兒子的名分，使祂榮耀的恩典得著稱讚；這恩典是祂在愛子裡所賜給我們的。……叫祂的榮耀，從我們這首先在基督裡有盼望的人，可以得著稱讚。你們既聽見真理的道，就是那叫你們得救的福音，也信了基督，既然信祂，就受了所應許的聖靈為印記。這聖靈是我們得基業的憑據，直等到神之民被贖，使祂的榮耀得著稱讚。」

根據經文，你認為神在你身上有甚麼計劃？試在下列各項中選出答案。

☐ 1. 使我快樂。
☐ 2. 找回失喪者。
☐ 3. 把榮耀歸給神。

你活著的目的是要榮耀神，讓祂的名得著當得的榮耀。上面的正確答案是：3。

耶穌在地上的生活，正好說明了把榮耀歸給神，讓神的名得著讚美的生活是怎樣的。耶穌以遵行神旨意為生活的目的，以下的經文，正好說明耶穌遵行神旨意的感受。

■ **請讀下面四段經文：**

「說：『父啊！祢若願意，就把這杯撤去；然而，不要成就我的意思，只要成就祢的意思。』」（路 22：42）

「我憑著自己不能作甚麼，我怎麼聽見就怎麼審判。我的審判也是公平的；因為我不求自己的意思，只求那差我來者的意思。」（約 5：30）

「因為我從天上降下來，不是要按自己的意思行，乃是要按那差我來者的意思行。」（約 6：38）

「我在地上已經榮耀祢，祢所託付我的事，我已成全了。」（約 17：4）

試根據上述經文，完成下列的配對題。

c	1. 路 22：42	a. 耶穌在地上時，已經榮耀了神。
b	2. 約 5：30	b. 耶穌沒有尋求祂自己的旨意。
d	3. 約 6：38	c. 耶穌祈求成就的，不是自己的意思，而是神的旨意。
a	4. 約 17：4	d. 耶穌從天上降臨，為的是要遵行神的旨意。

耶穌從沒有按自己的意思而活，相反，祂一生都遵行神的旨意。然而，試問世上有誰會刻意追求屈辱、煩惱和死亡？若耶穌揀選的是祂自己的道路，祂會否選擇拒絕自己的朋友和家庭？會否選擇嘲弄自己、蔑視自己的群眾？耶穌經歷種種痛苦，原因是祂沒有揀選自己的道路，而揀選了神的道路。上面的正確答案是：1-c；2-b；3-d；4-a。

耶穌對神完全的順服，正是祂工作大有果效的原因。同樣，我們的生活是否滿有果子，事工是否大有果效，便得看我們是否對神完全的順服。你願意耶穌成為你遵行神旨意的榜樣嗎？

■ **你可以誠實回答説，你以榮耀神為你生命的目的嗎？ □是 □否**

如果你的答案是「否」，那麼，在你的生命中，有甚麼事情是比榮耀神更重要的呢？

I always feel that myself is the centre of everything. This concept needed to

你認為自己須作出怎樣的改變，才能使榮耀神成為你人生的目的？

Gotta to be non-selfish. 放下自己，為神而活

經常讀經和禱告，能夠幫助你明白神的旨意。在《塑造主生命》第一冊「十架篇」中，你已學會如何活在神的話語中，以及如何作出信心的禱告。我希望你能繼續每天靈修，好在讀經和禱告的事情上有更多的操練，而我也會在每天的課程中，提醒你要按時靈修。

今日靈修時，請讀路加福音 2：41-52，這段經文記載了耶穌童年時，遵行天父旨意的一個例子。讀畢之後，請完成下頁的「每日與主相交」。

誰在作主?

神向我說甚麼：

- Let go of my own selfishness.
- Gotta look up to the Lord above and put Him as the head in my life

我向神說甚麼：

Dear Lord, please help me to get rid of my old-self. I tried to do the goodness deed by myself but I just couldn't. I tried many time without success. Please help me to live a life of fruitfulness in you. Have the holy spirit to remain me to live for you instead of living for my own. So that I can live for you, Lord. And please help me to find the blue-print that you had implanted for me on earth long before I was born. And help me to understand your will. Lord. A-men

第2天 品格的塑造

在第一天，你學習遵行神的旨意時，有沒有發現自己總是不能跟隨主的心意，反而經常隨己意而行呢？又*有否發現，你總會有不能榮耀主的思想、感情和行為呢？*今天，你將會學習一個剖析信徒生命的簡單圖表 ——「門徒品格」圖。該品格圖所反映的，正是塑造信徒品格的聖經原則。它將會告訴你，讓基督成為生命之主，以及如何透過遵行神的旨意來掌管自己生命的方法。

培養「門徒品格」

神造人時，賜給了人肉體和靈魂。人的肉體來自塵土，人的靈則來自神的靈。在以後幾天裡，你會逐步學習繪畫門徒品格圖，透過繪圖的過程，你便能明白人是如何被造的。

「門徒品格」圖的第一部分名為「一致的性格」。請細閱第248-250頁的一段話，然後在下面空白處畫一個圓圈，並在圓圈的頂部和底部留下缺口。請你在圓圈上面的缺口上寫一個「神」字。如果你需要幫忙，可以參看「門徒品格」講解一文（第247-263頁）。

聖經把人形容為一個整全的個體，這也就是為甚麼你要畫一個圓圈來代表你整個品格的原因。在你學習「門徒十架」時，你畫了一個以基督為生命中心的圓圈，而在「門徒品格」圖中，圓圈也同樣代表著你。你將會根據對自己性格和行為特徵的認識來繪畫門徒品格圖。換言之，你對自己性格和行為的認識愈深，你的品格圖便愈完整。當你明白自己各項性格上的特徵和這些特徵對你的影響時，你會在基督的主權下，找到重塑自己性格的秘訣。在你學習繪畫門徒品格圖的同時，我也會鼓勵你繼續實行在《十架篇》所學過的六項屬靈操練。我相信，在這課程結束時，你便能夠畫出一幅完整的門徒品格圖。

在基督裡成長

聖經經常強調活出基督樣式的需要，因這正是成為門徒的條件之一。試看看以下門徒訓練的定義。

> 「門徒訓練」就是指與耶穌基督建立一個個人的、終生的、順服的關係。在這關係裡，基督會把你的性格變得像祂，會把天國的價值觀成為你的價值觀，以及會把你放進祂的計劃裡，讓你在家庭、教會和世界中履行祂的大使命。

當你完成今天的課程後，你便懂得如何重塑自己的品格，讓自己活出主的樣式。現在，你可能會問自己：「基督是怎麼樣的？我如何得知自己的性格是否像祂？」

■ **請細閱以下經文，然後回答問題。**

「我們曉得萬事都互相效力，叫愛神的人得益處，就是按祂旨意被召的人。因為祂預先所知道的人，就預先定下效法祂兒子的模樣，使祂兒子在許多弟兄中作長子。」(羅 8：28-29)

神對你有甚麼旨意？

神的旨意是要你學效基督的樣式，把你的性格塑造成主耶穌的性格。在這過程中，聖靈會給你能力，讓你能活出主的性情。

在第一天，你已知道耶穌是以神的心意為念，祂從天上下來，為的是要成就神的計劃。遵行神的旨意正是耶穌順服神的表現，也是祂人生的目的。祂禱告祈求，惟願神的旨意得以成就，而不是祂自己心願的實現，因此，祂在地上的日子能充分的榮耀神。

■ **你渴望要作耶穌所作的嗎？下列各句中，哪一句最能代表你的心聲？請在適當的方格內填上「✓」號：**

☐ 我想像耶穌那樣遵行神的旨意，但我擔心這會令我失去現在所擁有的東西。

☐ 我想像耶穌那樣遵行神的旨意，但我擔心自己沒能力去完成祂要求我所作的事。

☐ 我是不可能活像耶穌的。如果活像耶穌是神對我的要求，那我恐怕這一生都不能完成祂的旨意了。

□ 是的。我願意像耶穌一樣遵行神的旨意。主，求祢教我該如何作。

透過本課程，你將會學到更多讓你能活像基督的方法，你也會學到如何一步一步地培養起基督模樣的品格，以及這些品格能幫助你完成神旨意的原因。

大聲讀出本週金句——腓立比書 2：13。請寫出神如何透過這節經文告訴你，遵行神的旨意和建立基督品格的途徑：

____

____

你的答案可能是：我要讓聖靈在我身上作工，好讓我能把具攻擊性的性格除去，並建立榮耀主的性格。

你是否仍然每天靈修？我希望你能連續靈修二十一天，因為這是讓靈修成為你生活一部分的方法。當然，我更希望你能體會靈修的重要和意義。

今天靈修時，請讀約翰福音 5：16-30。這段經文記載了一件耶穌討神喜悅的事。你認為這段經文向你傳達了怎樣的信息？讀畢之後，試完成下頁的「每日與主相交」。

神向我說甚麼：

我向神說甚麼：

第3天 品格的奉獻

遵行神旨意的第一步，就是把品格奉獻給神。然而，品格的奉獻只是開始，因為你把自己的品格奉獻給神後，仍會發現遵行神的旨意並不是一件容易的事，並且在遵行神旨意的過程中，你也會受到很多事情的纏累。

請細看以下尋求神旨意的一個真實個案：康妮是一位女教師，她的丈夫馬可是一位教會幹事。幾年前，當他們嘗試尋求神的旨意時，馬可便有了轉換教會的念頭。康妮說：「馬可覺得神要帶領他到另一間教會去，但他卻不知道哪間教會才是神要他去的。雖然有不少教會提出了很好的條件，但他都一一拒絕了，因他認為這些教會都不是神要他去的。因我是個小信的人，所以我一直認為馬可一定是瘋了，才會作出這樣的決定。」

後來，聖靈把以弗所書3：20-21賜給康妮，好讓她能明白神的作為。這兩節經文說，神能充充足足的成就一切，超過她所求所想的，康妮這時才開始明白神的心意，她說：「我發現，過去我一直以自己有限的知識來測度神的心意，又對丈夫的信心抱懷疑的態度，這都是錯誤的心態。在我發現自己的錯失後，神便帶領我們到現在事奉的教會去。這教會充滿了愛，又高舉神，而且信徒之間能互相關懷，這教會實在是超過我們所求所想的，而神卻早已為我們安排好了！」康妮又表示，她的小信很可能令她和馬可不能明白和完成神的旨意，並錯過了聖靈的帶領。

神的引導

■ **請讀約翰一書 2：15-17：**

「不要愛世界和世界上的事。人若愛世界，愛父的心就不在他裡面了。因為凡世界上的事，就像肉體的情慾，眼目的情慾，並今生的驕傲，都不是從父來的，乃是從世界來的。這世界和其上的情慾都要過去，惟獨遵行神旨意的，是永遠常存。」

下列各個因素中，哪一個是你遵行神旨意的最大阻礙，請在適當的方格內加上「✓」號：

☐ 情慾　　☐ 環境　　☐ 遺傳

雖然你可能選擇了多於一個的答案，但約翰一書明明的告訴我們，情慾才是阻礙我們遵行神旨意的主要原因，而其他因素只不過是在加速我們偏行己路罷了。你也許正生活在一個充滿罪惡的環境中，又或生長在一個不能榮耀神的家庭中，但無論我們身處的環境或家庭狀況怎樣，它們都不能阻止我們遵行神的旨意，惟獨情慾能令我們不聽聖靈的勸告和拒絕遵行神的旨意，是使我們違背神的元兇。

把自己的品格奉獻給神是甚麼意思呢？它是不是等同自我個性的喪失？是不是等同被動和無作為的人生態度？是不是代表著以後無須再作出任何的掙扎，便能順服神的帶領？可是耶穌被魔鬼試探時，也有所掙扎啊！其實，當我們把自己的品格奉獻給神時，神便會為我們預備一條出路，好讓我們能勝過掙扎，遵行主道。

請細閱下列幾段經文。然後描述神如何能使人把自己不同的部分奉獻給祂。第一段經文也是本週的金句，你能否把它背出來？

「因為你們立志行事，都是神在你們心裡運行，為要成就祂的美意。」(腓 2：13)

「不要效法這個世界，只要心意更新而變化，叫你們察驗何為神的善良、純全、可喜悅的旨意。」(羅 12：2)

「將身體獻上，當作活祭，是聖潔的，是神所喜悅的；你們如此事奉，乃是理所當然的。」(羅 12：1)

「情慾的事都是顯而易見的，就如姦淫、污穢、邪蕩、拜偶像、邪術、仇恨、爭競、忌恨、惱怒、結黨、紛爭、異端、嫉妒、醉酒、荒宴等類。我從前告訴你們，現在又告訴你們，行這樣事的人，必不能承受神的國。聖靈所結的果子，就是仁愛、喜樂、和平、忍耐、恩慈、良善、信實、溫柔、節制。這樣的事，沒有律法禁止。凡屬基督耶穌的人，是已經把肉體連肉體的邪情私慾同釘在十字架上了。」(加 5：19-24)

「我已經與基督同釘十字架，現在活著的不再是我，乃是基督在我裡面活著；並且我如今在肉身活著，是因信神的兒子而活；祂是愛我，為我捨己。」(加 2：20)

意志 (腓 2：13) ______________________________

思想 (羅 12：2) ______________________________

身體 (羅 12：1) ______________________________

情感（加5：19-24）________________________________

生活（加2：20）__________________________________

你的答案可能是：

意志：神在你身上動工，賜予你意志與能力，使你能作成祂所喜悅的事。

思想：神更新你的心意，使你能明白祂的旨意是善良的、可喜悅的和純全的。

身體：把身體當作活祭獻上，是一個理所當然的事奉。耶穌鼓勵你禱告，是因為你的肉體是軟弱的。

情感：聖靈以屬靈的果子來代替你屬肉體的思想和行為。

生活：當你與基督同釘十字架時，基督就在你裡面活著，並加給你力量，使你能成就祂的旨意。

下列的話，正是你所學習神的旨意的總結。

完成神旨意的條件：

- 洞悉神在你生命中的計劃；
- 把你的品格奉獻給神；
- 靠著神的供應來完成祂的旨意。

培養「門徒品格」

聖經描寫人有肉體與靈魂。請你現在翻閱「門徒品格」講解中「肉體」與「魂」的部分（第250-251頁）。

畫一個圓圈，在圓圈外的上方寫上「神」字，在圓圈外的下方寫上「身體」兩個字。在圓圈外面寫上五種感官機能：「視」、「聽」、「嗅」、「味」、「觸」，然後在圓圈內的上方寫上「魂」字，和在圓圈正中央寫上「思想」、「意志」和「情感」。如需幫助，你可參考第247-263頁的門徒品格圖。相信在本課程結束時，你不單可以畫出一個完整的門徒品格圖，還能用你自己的話把它的含意解釋出來。

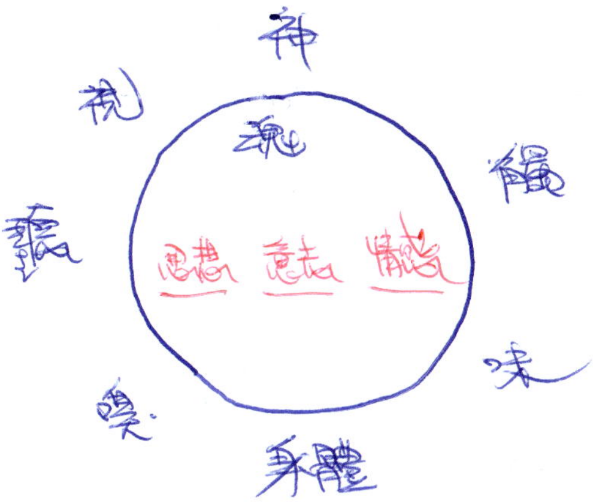

當你將自我的形像轉換為基督的形像，當你將人的本性放下，並愈來愈像基督時，你想會有甚麼事發生？在第二天，你知道了神期望你能一天比一天的更像基督，並最終模成基督的樣式。今天，你將會學習更多有關這方面的事情。

木匠工作坊

脫下舊我的行為而活出基督的性情，就如拆毀舊房子，興建新房子一樣。若你要活出基督的樣式，有甚麼是你必須要拆毀的呢？請細閱加拉太書 5：16-25 ，並求聖靈向你顯明神的心意。

「我說，你們當順著聖靈而行，就不放縱肉體的情慾了。因為情慾和聖靈相爭，聖靈和情慾相爭，這兩個是彼此相敵，使你們不能作所願意作的。但你們若被聖靈引導，就不在律法以下。情慾的事都是顯而易見的，就如姦淫、污穢、邪蕩、拜偶像、邪術、仇恨、爭競、忌恨、惱怒、結黨、紛爭、異端、嫉妒、醉酒、荒宴等類。我從前告訴你們，現在又告訴你們，行這樣事的人，必不能承受神的國。聖靈所結的果子，就是仁愛、喜樂、和平、忍耐、恩慈、良善、信實、溫柔、節制。這樣的事，沒有律法禁止。凡屬基督耶穌的人，是已經把肉體連肉體的邪情私慾同釘在十字架上了。我們若是靠聖靈得生，就當靠聖靈行事。」(加 5：16-25)

聖經中，共有三段經文，說明脫去或拆毀舊我，以及穿上或建造新人的意思。加拉太書5：16-25便是其中一段。至於其餘的兩段經文，我們將會在本週的第四及第五天再作研讀。

■ **下列的句子，正是從加拉太書5：16-25中抽出來的，請在形容「舊我」的句子旁，填上「舊」字；並在形容「新人」的句子旁，填上「新」字。**

New-self 1. 靠聖靈行事。

Old-self 2. 放縱肉體的情慾。

Old-self 3. 情慾和聖靈相爭。

New-self 4. 把肉體釘在十字架上。

New-self 5. 靠聖靈得生。

New-self 6. 被聖靈引導。

New-self 7. 結聖靈的果子。

你與基督愈親近，你生命的改變便愈大。你願意遵從神的旨意，學像基督，有基督的性情嗎？上面答案是：1. 新；2. 舊；3. 舊；4. 新；5. 新； 6. 新；7. 新。

暫時停下來，為組員在第一課聚會時所提到的非基督徒朋友禱告。

在本課程中，你將會利用「每日與主相交」的習作，來記錄神向你說的話和你向神說的話。你也許需要為自己買一本筆記簿，好讓自己能記下更多你與神之間的說話。

今天靈修時，請讀出埃及記4：1-17。這段經文記載了摩西在遵行神旨意時的掙扎，神有否透過這段經文來向你說話？讀畢之後，請完成下頁的「每日與主相交」。

神向我說甚麼：

我向神說甚麼：

第4天

神的供應

你可能因常常不能尋見神的旨意，所以覺得自己需要成為一位博學的神學家，至少也要是一位牧師、佈道家，或者是一個殷勤查經禱告的人，才能得到聖靈的引導，去明白神的旨意。

但聖經卻說，神會供應你一切的需用，讓你能完成祂的旨意。腓立比書4：19與羅馬書8：28，都不約而同的說明神如何大大裝備你，叫你能明白祂的旨意。

■ **請細閱下列經文：**

「我的神必照祂榮耀的豐富，在基督耶穌裡，使你們一切所需用的都充足。」(腓 4：19)

「我們曉得萬事都互相效力，叫愛神的人得益處，就是按祂旨意被召的人。」(羅 8：28)

試根據上述經文，描述神應許要作的事情：

腓立比書 4：19 ____________________

____

羅馬書8：28 ____________________

____

以上經文肯定的告訴我們，人的知識與智慧都不足以明白神的旨意，相反，神會給予你明白祂旨意的智慧，並且會叫萬事互相效力，好讓你能得著因愛神而來的益處。

■ **請描述一次神供應你的所需，讓你得以明白祂旨意的經驗。**

看過以上的經文後，你可能會想：既然神供給我一切的需用，我應可以憑個人的力量來完成神的旨意啊！但事實卻是，單靠自己，我們是不可能成就神旨意的，因為只有神自己才有能力來作祂所要作的。然而，神卻會藉著祂給我們的能力，讓我們來作成祂的工。腓立比書1：6與帖撒羅尼迦前書5：24，對人如何能完成神的旨意，都有極詳細的說明。

「我深信那在你們心裡動了善工的，必成全這工，直到耶穌基督的日子。」(腓1：6)

「那召你們的本是信實的，祂必成就這事。」(帖前5：24)

請在下面空白處背默本週金句——腓立比書2：13，然後用你自己的說話，說明神怎樣實現祂在你身上的旨意。

你的說明可能會是這樣：神在我身上作工，讓我有遵行祂旨意和行祂喜悅的事的能力，祂也必定會加給我力量，使我能遵行祂的旨意。

■ **請再讀腓立比書1：6。根據經文，你認為基督在你身上開始了怎樣的善工？**

____

你怎麼知道神是信實的，祂必要成全在你身上開始了的善工？

____

也許神在你身上開始了其中一項善工，就是叫你有傳福音的心志。也許你現在已發現了自己以前從沒想過的傳福音機會，也許你正與某些人建立關係，而這些人又能為你打開福音之門。*基督應許我們，祂是信實的，必定會完成祂在我們身上的工作。*祂若給了你傳福音的異象，祂便會加給你傳福音的力量。

想及五位你要向他們傳福音的朋友，然後把他們的名字寫在你的禱告簿上（在《塑造主生命》第一冊「十架篇」中，你已有了禱告簿）。如果你還沒有這樣的一本簿，請用第268頁的表格來自行製作一本。如果你想不出五個需要福音的朋友，現在就請嘗試多交朋友，好讓將來可以向他們傳福音。

每次當你渴望遵行神的旨意時，內心的掙扎與外在的攔阻便會自然出現，因此，我們必須學習在基督的主權下，重塑自我的品格。今天在學習「門徒品格」圖時，你將會明白為何聖經會把信徒形容為屬靈的人，以及明白為何住在聖靈中，便能作成神的旨意。

培養「門徒品格」

請你現在翻閱「門徒品格」講解中的「靈」部分（第250頁）。同時，讀一遍下列兩段經文，藉以認識聖經如何描寫人是屬於靈的。

「除了在人裡頭的靈，誰知道人的事？像這樣，除了神的靈，也沒有人知道神的事。」（林前2：11）

「聖靈與我們的心同證我們是神的兒女。」（羅8：16）

在下面空白處畫一個圓圈，圓圈頂部和底部各有一個缺口。請你在頂部的缺口上寫上「神」字，在底部的缺口下寫上「身體」二字。在圓圈外面寫上五種感官機能：「視」、「聽」、「嗅」、「味」、「觸」。然後在圓圈內的上方寫上「魂」字，和在圓圈正中央寫上「思想」、「意志」和「情感」。在與圓心垂直的地方，和在「意志」的上面寫「靈」字。如需幫助，你可參考第247-263頁的門徒品格圖。相信在本課程結束時，你不單可以畫出一個完整的門徒品格圖，還能用你自己的話把它的含意解釋出來。

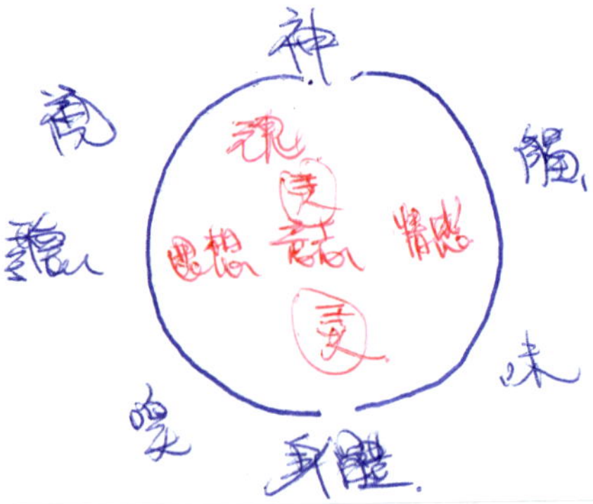

木匠工作坊

當你愈來愈像基督，並得到聖靈的幫助，你便會逐漸脫離舊人的品性，和披上新人的特質。歌羅西書3：1-14，對這種脫去舊人和穿上新人的改變有非常詳盡的描述：

「所以，你們若真與基督一同復活，就當求在上面的事；那裡有基督坐在神的右邊。你們要思念上面的事，不要思念地上的事。因為你們已經死了，你們的生命與基督一同藏在神裡面。基督是我們的生命，祂顯現的時候，你們也要與祂一同顯現在榮耀裡。所以，要治死你們在地上的肢體，就如淫亂、污穢、邪情、惡慾，和貪婪，貪婪就與拜偶像一樣。因這些事，神的忿怒必臨到那悖逆之子。當你們在這些事中活著的時候，也曾這樣行過。但現在你們要棄絕這一切的事，以及惱恨、忿怒、惡毒、毀謗，並口中污穢的言語。不要彼此說謊；因你們已經脫去舊人和舊人的行為，穿上了新人。這新人在知識上漸漸更新，正如造他主的形像。在此並不分希利尼人、猶太人，受割禮的、未受割禮的，化外人、西古提人，為奴的、自主的，惟有基督是包括一切，又住在各人之內。所以，你們既是神的選民，聖潔蒙愛的人，就要存憐憫、恩慈、謙虛、溫柔、忍耐的心。倘若這人與那人有嫌隙，總要彼此包容，彼此饒恕；主怎樣饒恕了你們，你們也要怎樣饒恕人。在這一切之外，要存著愛心，愛心就是聯絡全德的。」

■ **讀畢上述經文後，請在描述舊生活的句子下畫一橫線，並把描述新生活樣式的字句圈出來。**

希望透過這個練習，你能明白當你活像基督時，會有甚麼的事情發生。上述經文中，描述舊生活的句子有：「要治死你們在地上的肢體」、「你們要棄絕這一切的事」、「你們已經脫去舊人和舊人的行為」。而描述新生活的字句則有：「當求在上面的事」、「要思念上面的事」、「存憐憫、恩慈、謙虛、溫柔、忍耐的心」、「存著愛心，愛心就是聯絡全德的」。

今天靈修時，請讀約伯記第42章。讀畢之後，請描述神如何供應一個成就祂旨意的人的需用；然後完成下面的「每日與主相交」。

神向我說甚麼：

____

____

____

____

我向神說甚麼：

____

____

____

____

很多時，別人都會問我這樣的問題：「靈修時，我必須是獨個兒的嗎？我可否與我的配偶或家人一起靈修呢？」答案是肯定的。與配偶或家人一起追求、一起禱告或一起讀經，都是親近主的好方法。(你將會學習甚麼是對話式禱告。)雖然與其他人一起靈修是親近主的好方法，但這方法卻不能代替個人的靈修。我的同工（本書的合著者）摩亞女士每個早上都會和她的丈夫一起禱告、讀經，他們也會在這時把家庭的需要陳明在神面前，並且尋求神在當天的帶領。之後，當摩亞女士坐在辦公桌前，在開始一天工作之先，她會先有一段獨自與主相交的時間，而她的丈夫也會在吃過午飯後，與主獨自相交。由此可知，我們每天都必須有一段獨自靈修的時間。

■ **求神幫助你，讓你能找到最適合自己靈修的時間和地點，以至你每天都能享受安靜與主在一起的時間。**

第5天 拒絕肉體

你可能在想：你是唯一一個掙扎著認識神旨意的人。或者你又以為在聖經時代，那些神使用來完成祂旨意的人，都能清楚地明白神要他們所作的工，而他們也完全沒有考慮到自身的利益。也許，你甚至認為他們的生活是沒有困難的，因為他們揀選了神的道路。

本週所選讀的經文，其實都集中在幾個聖經人物身上，並他們如何掙扎著實行神的旨意。今天，你會注意到另外三個聖經人物，他們就是摩西、耶穌和保羅。請翻閱希伯來書11：24-27，路加福音 22：41-42 ，腓立比書 3：4-8 ，並細閱他們的經歷。

摩西、耶穌和保羅為著遵行神的旨意，甘心忍受苦難。他們都具備了下列三種遵行神旨意的條件。

完成神旨意的條件：

□ 洞悉神在你生命中的計劃；

□ 把你的品格奉獻給神；

□ 靠著神的供應來完成祂的旨意。

■ **對你來說，上列哪一種條件是最難實現的？請在它前面的方格內加上「✓」號。**

效法主的樣式

羅馬書8：29說：「因為祂預先所知道的人，就預先定下效法祂兒子的模樣，使祂兒子在許多弟兄中作長子。」這經文的意思是，若神能在你生命中完成祂的旨意，你就會被塑造成神兒子的樣式——你的行為會像祂，你的思想會像祂，你與神和人的關係，也會像基督與他們一樣的完全。此外，你也會以基督為生命的中心，並讓聖靈引導你一生。

試向你的家人或朋友，大聲讀出本週金句——腓立比書2：13。你也要告訴他，這節經文如何讓你發覺遵行神旨意的重要性。

■ 試寫出你對下列句子的回應，看看這節經文能否應用在你的日常生活中。

我知道神對我人生的目的是：

____

如果我說：「我把我人格的全部都交給神」，這意味著：

____

我知道當我遵行神旨意的時候，祂就會供應我一切的需用，因此，我會有以下的行動：

____

____

有甚麼東西能阻止你實現以上的承諾？門徒品格圖中描述「自然人」的部分，將會給你答案。

培養「門徒品格」

你將會在今天學習門徒品格圖中「自然人」的部分。請你現在翻閱「門徒品格」講解中的「肉體」部分（第250-252頁）。

在聖經中，「肉體」這詞有兩種不同的意思。

■ **請讀下列兩節經文，然後根據它們的意思，說明「肉體」的不同意思：**

「所以，不要容罪在你們必死的身上作王，使你們順從身子的私慾。」（羅6：12）

「我說，你們當順著聖靈而行，就不放縱肉體的情慾了。因為情慾和聖靈相爭，聖靈和情慾相爭，這兩個是彼此相敵，使你們不能作所願意作的。但你們若被聖靈引導，就不在律法以下。」（加5：16-18）

羅馬書6：12 ____________________________________

加拉太書5：16-18 ____________________________________

肉體最普遍的意思就是身體，亦即是有血有肉的軀體（見羅6：12）。肉體還有另一個象徵性的意思，就是人次一等的本性（見加5：16-18）英文欽定譯本（*King James Version*）更以肉體來形容情慾，並藉此說明人有犯罪的傾向，愛跟從撒但，不愛跟從神。

畫出本週曾學過的部分門徒品格圖。將圓圈頂部的缺口連起來，表示屬靈之門已關上了。保留圓圈底部的缺口，表示肉體之門正開放著。現在請在圓圈的中間寫一個英文大楷字母「I」，並把「靈」與「意志」包含在裡面。在「意志」之下垂直寫上「肉體」二字，然後畫一條直線穿過「靈」字。在圓圈外「身體」一詞下寫上「撒但」二字；再在「神」字上面寫上林前2：14。為你所畫的圖寫上標題：「自然人」。如果你需要協助，請參看第247-263頁的門徒品格圖。相信在本課程結束時，你不單可以畫出一個完整的門徒品格圖，還能用你自己的話把它的含意解釋出來。

現在，請你細閱「門徒品格」講解中，「自然人今天的處境」(第252-254頁)的部分。它能讓你明白為甚麼一個未重生得救的人，無論他的意念有多好，但總不能把立志要作的善事行出來。在下一週，門徒品格圖將會把你生活的方式和神對你的計劃作出比較。

你是否仍然讓你肉體之門開著？請你在一頁白紙上，寫出你曾做過不能討神喜悅的事，然後向神認罪。約翰一書1：9如此說：「我們若認自己的罪，神是信實的，是公義的，必要赦免我們的罪，洗淨我們一切的不義。」**請你接受神赦罪的恩典，並把你寫的那張紙撕碎、棄掉，以表示你的罪已獲得赦免。**

■ **祈求神藉著聖靈幫助你，讓你能實行在第43頁的立志，並把肉體之門關上，因為這肉體之門正是攔阻你實踐承諾的原因。**

木匠工作坊

■ **請讀下面一段經文，並繼續學習如何建立耶穌的品格。**

「所以我說，且在主裡確實的說，你們行事，不要再像外邦人存虛妄的心行事。他們心地昏昧，與神所賜的生命隔絕了，都因自己無知，心裡剛硬；良心既然喪盡，就放縱私慾，貪行種種的污穢。你們學了基督，卻不是這樣。如果你們聽過祂的道，領了祂的教，學了祂的真理，就要脫去你們從前行為上的舊人，這舊人是因私慾的迷惑漸漸變壞的；又要將你們的心志改換一新，並且穿上新人；這新人是照著神的形像造的，有真理的仁義和聖潔。……不要叫神的聖靈擔憂；你們原是受了祂的印記，等候得贖的日子來到。一切苦毒、惱恨、忿怒、嚷鬧、毀謗，並一切的惡毒，都當從你們中間除掉；並要以恩慈相待，存憐憫的心，彼此饒恕，正如神在基督裡饒恕了你們一樣。所以，你們該效法神，好像蒙慈愛的兒女一樣。也要憑愛心行事，正如基督愛我們，為我們捨了自己，當作馨香的供物和祭物，獻與神。」(弗 4：17-24，30-5：2)

■ **根據經文的意思，用自己的話來說明未認識耶穌之前舊人的行為，和認識耶穌之後新人的行為：**

舊人的行為	新人的行為
______________________	______________________
______________________	______________________
______________________	______________________

在「舊人的行為」一欄中，你可能會寫下：「不再像外邦人行事」、「脫去從前行為上的舊人」、「不要叫神的聖靈擔憂」。而在「新人的行為」一欄中，你可能會寫下：「將心志改換一新，並且穿上新人」、「有真理的仁義和聖潔」、「憑愛心行事」。當你愈像基督，你便愈能感受屬世與屬靈之間的鴻溝。

當你穿上新人時，你對家人的態度也很可能需要作出相應的改變。

嘗試抽時間陪伴家人，特別是你很久沒和他／她說話的家庭成員。如果他／她不與你同住，你可寫信或打電話給他。

今天靈修時，請讀創世記 3：1-7。這段經文講述神創造之物所出現的問題。讀畢之後，請完成下頁的「每日與主相交」。

神向我說甚麼：

我向神說甚麼：

本週有甚麼不同？

■ 重溫在本星期開始時的學習材料「本週與主同行」。若你已完成有關活動，請在該活動前的◇符號內畫一直線。若有未完成的活動，請你繼續完成它。最後，請你想一想你會如何在小組內，分享你對本週活動的體驗。

■ 你在本週學了甚麼？請在下列適當的方格內加上「✓」號。

□ 我明白靈、魂、體在形成我整個品格中的作用。
□ 我明白肉體能令我喪失行善的動力。

□ 我不再追求自己的喜好，而是竭力遵行神的旨意和追求耶穌的品格。

□ 在每件事情上尋求神的旨意，是屬靈生活的必要條件。

□ 我真心願意學像耶穌。

在學習過本週「遵行神的旨意」的內容後，你已明白必須時刻警醒，才可關上肉體之門和防範撒但的攻擊。你若要聖靈在你身上動工，並不給肉體之門有打開的機會，你就得每天靈修，並過與主同在的生活。

第二週

心意更新

本週目標

藉著神話語和聖靈的能力來更新你的心意。

本週與主同行

你將會通過下列活動來進行作門徒的六項屬靈操練。每當你完成一項活動時，請在有關句子旁的◇符號內畫一直線。

與主同在

◇ 實行每天靈修，並定下一連二十一天的靈修目標。本週內哪一天有靈修的，請在當天的方格內加上「✓」號。

□主日　□週一　□週二　□週三　□週四
□週五　□週六

活在主的話語中

◇ 每天讀經。寫下神對你說的話和你對神說的話。

◇ 背誦羅馬書 12：1-2。

◇ 溫習腓立比書 2：13。

信心禱告

◇ 與朋友、家人或禱伴一起禱告。

◇ 教導別人「對話式禱告」原則。

信徒相交

◇ 與你的丈夫／妻子外出晚膳，或與你的丈夫／妻子享受一段私人的時間。如果你還沒有結婚，可把相約的對象改為你的好友，並嘗試與他／她談論一些在你生命中最為重要的事。

向世人作見證

◇ 嘗試為你家族中還未信主的親友做點好事。

彼此服侍

◇ 學習「門徒品格」圖中「世俗基督徒」的部分。

本週金句

「所以弟兄們，我以神的慈悲勸你們，將身體獻上，當作活祭，是聖潔的，是神所喜悅的；你們如此事奉，乃是理所當然的。不要效法這個世界，只要心意更新而變化，叫你們察驗何為神的善良、純全、可喜悅的旨意。」（羅 12：1-2）

第1天

錯誤的決定

人的腦袋就像一部錄音機和錄影機，你會自然地把你所遇到的事件和思考過的東西記錄下來，並且不時把它們重播出來。由於你已習慣把舊有的東西重播，所以，當其他新的事物和思想在你眼前出現，你也會視而不見。因此，過去的影像會令你不斷重複以往所犯的錯誤。

保羅曾如此形容他的處境：「因為我所作的，我自己不明白；我所願意的，我並不作；我所恨惡的，我倒去作。……我也知道在我裡頭，就是我肉體之中，沒有良善。因為，立志為善由得我，只是行出來由不得我。故此，我所願意的善，我反不作；我所不願意的惡，我倒去作。若我去作所不願意作的，就不是我作的，乃是住在我裡頭的罪作的。」(羅 7：15，18-20)

你與我其實都會有保羅的經歷 —— 為罪所捆綁，以至不能遵行神的旨意。有時，就算我們立志行善，但是我們的心卻總是想著惡的東西。我想，魔鬼總在為我們重播舊人行為的影碟，以至我們不斷的作錯事。

保羅在羅馬書 7：25 中，為我們的矛盾提供了解決的方法，他說：「感謝神，靠著我們的主耶穌基督就能脫離了。」他在羅馬書 8：1-2 又說：「如今，那些在基督耶穌裡的就不定罪了。因為賜生命聖靈的律，在基督耶穌裡釋放了我，使我脫離罪和死的律了。」

聖靈能把神的話變成又真又活，並讓你在生活中經歷這些話的真實。

■ **約翰福音14：16-20說：**「我要求父，父就另外賜給你們一位保惠師，叫祂永遠與你們同在，就是真理的聖靈，乃世人不能接受的；因為不見祂，也不認識祂。你們卻認識祂，因祂常與你們同在，也要在你們裡面。我不撇下你們為孤兒，我必到你們這裡來。還有不多的時候，世人不再看見我，你們卻看見我；因為我活著，你們也要活著。到那日，你們就知道我在父裡面，你們在我裡面，我也在你們裡面。」

試根據上述經文，回答下列的問題。

為甚麼耶穌要差聖靈來？

為甚麼門徒可以認識聖靈？

耶穌告訴門徒，祂要差派聖靈來，因為祂會像主在地上時一樣，能幫助、安慰和教導門徒。主又對門徒說，他們能認識聖靈，因為聖靈會住在他們裡面。原來聖靈不單會與我們同行，更會住在我們裡面。

約翰福音14：26如此說：「但保惠師，就是父因我的名所要差來的聖靈，祂要將一切的事指教你們，並且要叫你們想起我對你們所說的一切話。」

上述經文把聖靈形容為保惠師和信徒的個人導師。在本星期，你將會學習如何讓聖靈來更新你的心意，當你完成本週的學習時，你便能夠：

- 說明人的本性和更新的心的不同；
- 解釋以基督的心為心的意思；
- 說明心意更新的步驟；
- 指出三種或以上更新心意的方法。

人的本性

我以「本性」為人有限的理性和知識所建構的思考過程。（參林前2：14）可悲的是，人類的歷史告訴我們，每當人類憑著自己的本性來作事時，人就只有一步一步的走向滅亡。

■ **以弗所書4：17-18如此說：**「所以我說，且在主裡確實的說，你們行事，不要再像外邦人存虛妄的心行事。他們心地昏昧，與神所賜的生命隔絕了，都因自己無知，心裡剛硬。」

根據上述經文，憑著「本性」作事的人是怎樣的？請你在下面空白處，填上適當的答案。

他們的想法是 ____________________

他們自以為是，結果行在 ____________________

他們與神隔絕，因為 ____________________

他們是無知的，因為 ____________________

順著本性生活的人，只會行在黑暗及虛妄之中，又因這些人的心剛硬，所以不單是無知的，甚至與神隔絕。總言之，他們是沒有指望的。

人的本性也會令人成為種種不合理之事的奴僕，羅馬書1：28-

31說：「他們既然故意不認識神，神就任憑他們存邪僻的心，行那些不合理的事；裝滿了各樣不義、邪惡、貪婪、惡毒；滿心是嫉妒、兇殺、爭競、詭詐、毒恨；又是讒毀的、背後説人的、怨恨神的、侮慢人的、狂傲的、自誇的、捏造惡事的、違背父母的、無知的、背約的、無親情的、不憐憫人的。」人的本性削弱了人對罪的覺悟力，以至人類成為罪的奴隸。

你是否也是某些東西的奴隸？試默想羅馬書1：28-31，其中有沒有一些事物正在奴役你呢？若有的話，請你在那些你正在掙扎的東西下畫一道橫線。

■ **請細閱下列經文：**

「此等不信之人，被這世界的神弄瞎了心眼，不叫基督榮耀福音的光照著他們。基督本是神的像。」（林後4：4）

「他們既然故意不認識神，神就任憑他們存邪僻的心，行那些不合理的事。」（羅1：28）

「並那壞了心術、失喪真理之人的爭競。他們以敬虔為得利的門路。」（提前6：5）

「不可讓人因著故意謙虛和敬拜天使，就奪去你們的獎賞。這等人拘泥在所見過的，隨著自己的慾心，無故的自高自大。」（西2：18）

試把下列的經文章節與描述人本性的詞語配對起來。

邪僻的	林後4：4
慾心的	羅1：28
瞎眼的	提前6：5
敗壞的	西2：18

上述經文清楚指出，不按聖靈帶領的人，其結果是可怕的。上面配對題的答案是：邪僻的 - 羅 1：28；慾心的 - 西 2：18；瞎眼的 - 林後 4：4；敗壞的 - 提前 6：5。

更新的心

聖靈能藉著神的話語來更新人的心，但我們必須要知道，人的本性和聖靈更新的心其實有著相同的功能，如：思想、判斷、推論、評估等，它們不同的地方乃在於背後的掌權者。

請翻到第 52 頁，並細閱本週金句 —— 羅馬書 12：1-2。請你一面思想經文如何說明更新心意的方法，一面把它背下來。若你需要重溫背誦經文的方法，請翻閱《塑造主生命》第一冊「十架篇」的第 194 頁，並參看該處的「如何背誦金句」。

更新的心意就是順服基督的心態。人的本性只會以自我的角度和因罪而貶低了的人格為思考的出發點，而更新的心意能令人活在聖靈中，並把人從罪中釋放出來。

■ **在下列描述本性的句子旁，寫上「本」字；在描述被更新了的心意的句子旁，寫上「更」字。**

______ 1. 步向滅亡。

______ 2. 受人的理性和知識所限制。

______ 3. 遵從聖靈的指引，並懂得從基督的角度來思考問題。

______ 4. 因聖靈的內住而得釋放。

______ 5. 從肉體的角度來看問題。

天然的本性只會領人走上滅亡之路，因它不順服神，並且為人的知識所限制，更糟的是，本性為肉體所引導，只會體貼肉體的意思。可是，當人的心意被更新後，便會接受聖靈的帶領，並以基督的角度來看問題。以上問題的答案是：1. 本；2. 本；3. 更；4. 更；5. 本。

當你接受聖靈的引領時，你就能順服主。因此，無論你面對的環境怎樣，你都會想：在這樣的處境中，主會要我作甚麼？你也會嘗試明白住在你裡面，作你生命導師的聖靈對你的帶領。

相反，世俗與肉體的思想只會帶來屬世與犯罪的意念。

細閱羅馬書 8：1-4，然後完成下列的是非題。

_____ 1. 世俗的意念會思念屬靈的事。

_____ 2. 我們的心若只顧思想肉體的事，結果就只會是死亡。

_____ 3. 屬世的意念不會接受聖靈的管治。

_____ 4. 屬世的意念也有討神喜悅的時候。

_____ 5. 就算把世俗的心改變過來，我們也是無藥可救的。

世俗的意念不是由聖靈，而是由撒但所操控的。若我們只看重肉體，而不把心轉向基督，我們就只會走向滅亡。相反，若我們能脫離世界的纏累，並把自己的生命和心思都交給神，我們便能享受從天上來的饒恕和喜樂。雖然我們以往曾被世俗的意念所捆綁，卻並不妨礙我們可在今天擁有屬靈的意念。上面的正確答案是：1. 非；2. 是；3. 是；4. 非；5. 非。

請在今天靈修時，重讀羅馬書8：1-4，這是一段把世俗的心和屬靈的心互相對比的經文。讀畢後，請完成下面的「每日與主相交」。

神向我說甚麼：

____

____

____

____

我向神說甚麼：

____

____

____

____

在第一週，我們希望你能抽出時間來陪伴家人。在本週，我們希望你能抽出時間來陪伴你的丈夫／妻子，或與他／她外出享用一頓晚飯。若你還沒有結婚，你可以找一位好友，和他談論一些對你至為重要的事。我希望你能這樣作，因為撒但最喜歡控制你與別人的關係，尤其是你與家人的關係。若我們能抽多點時間來陪伴丈夫／妻子／摯友，我們便能避免走上自毀個性的道路。我也會祈求聖靈引導你，讓你懂得珍惜與家人和朋友的關係。

第2天

被肉體管治的生命

當你在第一週學習「自然人」的時候，也許已經知道，「自然人」就是不信主的人。因此，自然人所過的是天然的、未經重生的生活。

■ **請細閱下列經文，找出描述你從前生活狀況的句子，並在下面畫一道橫線。**

「你們死在過犯罪惡之中，祂叫你們活過來。那時，你們在其中行事為人，隨從今世的風俗，順服空中掌權者的首領，就是現今在悖逆之子心中運行的邪靈。我們從前也都在他們中間，放縱肉體的私慾，隨著肉體和心中所喜好的去行，本為可怒之子，和別人一樣。」（弗 2：1-3）

■ **請細閱下列經文，找出神為你所做的事，並在它們下面畫一道橫線。**

「然而，神既有豐富的憐憫，因祂愛我們的大愛，當我們死在過犯中的時候，便叫我們與基督一同活過來。你們得救是本乎恩。祂又叫我們與基督耶穌一同復活，一同坐在天上，要將祂極豐富的恩典，就是祂在基督耶穌裡向我們所施的恩慈，顯明給後來的世代看。你們得救是本乎恩，也因著信；這並不是出於自己，乃是神所賜的；也不是出於行為，免得有人自誇。我們原是祂的工作，在基督耶穌裡造成的，為要叫我們行善，就是神所預備叫我們行的。」（弗 2：4-10）

在你認識主耶穌之前，你是個死在罪惡過犯中的人，但當你從罪中回轉，請求基督作你的救主和生命的主時，神就讓你在基督裡重生。靠著主的恩典，神拯救了你，並讓你和基督一同活過來。現在，你已成為神在基督耶穌裡造成的器皿，預備行各樣的善事。

然而，很多接受了基督，並且有聖靈內住的人，竟仍然不按神的心意行事，這就是為甚麼保羅要在以弗所書4：17-24告訴以弗所信徒，他們從基督所領受的，並不是外邦人的行事方式；反之，他們應該脱去舊人的行為，並穿上新人的行為。

世俗基督徒

假如一個基督徒過的生活與不信的人沒有分別，他就是一個世俗的基督徒，聖經稱這些人是屬肉體的，他們被肉體的律所控制，而不是被聖靈的律所控制。保羅認為屬靈的人與屬肉體的人的不同，在於前者能按著聖靈的引導而行，後者則隨著肉體的意思去行。哥林多前書3：1如此描寫世俗的基督徒：「弟兄們，我從前對你們説話，不能把你們當作屬靈的，只得把你們當作屬肉體，在基督裡為嬰孩的。」

彼得後書1：3説：「神的神能已將一切關乎生命和虔敬的事賜給我們，皆因我們認識那用自己榮耀和美德召我們的主。」神已藉著祂的神能，賜給我們永生的應許，並為我們提供一切日常和敬虔生活的需用。可是，在稍後的彼得後書1：5中，彼得又指出，我們有了信心之後，又要加上種種不同的素質，才能結出果子來。

■ **細閱下列經文，並在要加在信心之上的種種素質下畫一道橫線。**

「正因這緣故，你們要分外的殷勤；有了信心，又要加上德行；有了德行，又要加上知識；有了知識，又要加上節制；有了節制，又要加上忍耐；有了忍耐，又要加上虔敬；有了虔敬，又要加上愛弟兄的心；有了愛弟兄的心，又要加上愛眾人的心。你們若充充足足的有這幾樣，就必使你們在認識我們的主耶穌基督上，不至於閒懶不結果子了。人若沒有這幾樣，就是眼瞎，只看見近處的，忘了他舊日的罪已經得了潔淨。」（彼後 1：5-9）

你畫下的素質應是：德行、知識、節制、忍耐、虔敬、愛弟兄的心及愛眾人的心。假若你沒有這些素質，並過著屬肉體的生活，你就是：

- 閒懶和不結果子的人：屬世的人是懶怠的，在信仰上不會有長進，因此，他們沒有為基督結果子的生命。
- 短視和盲目的人：這樣的人不但看不見聖靈所啟示的真理，還只會聽從撒但的謊言。
- 忘記自己是已經被洗淨的人：這樣的人對罪沒有感覺，甚至不懂感謝神和基督對他的赦免。

■ **請再讀一遍人在信心上沒有長進的結果，並查看這些結果有沒有在你的生命中出現。**

掌管你心

世俗化的信徒生活絕不是神的旨意，但信徒卻常過世俗化的生活，其中一個原因，很可能是從來沒有人教導他們成長之道。因此，他們便不自覺地接受了肉體的擺佈，以至對聖靈的引領掉以輕心。雖然基督的救恩是真實的，但這並不代表你不需要為自己的行為負上道德的責任。作為信徒，你更要為自己是否運用神給你的恩賜和是否過跟隨主的生活負上責任。

聖靈渴望能像船舵一樣來引導你的心。舵能夠讓船行走在航道中，以至船能安全到達目的地。哥林多後書10：3-5說：「因為我們雖然在血氣中行事，卻不憑著血氣爭戰。我們爭戰的兵器本不是屬血氣的，乃是在神面前有能力，可以攻破堅固的營壘，將各樣的計謀，各樣攔阻人認識神的那些自高之事，一概攻破了，又將人所有的心意奪回，使他都順服基督。」保羅在上述經文中，描述了聖靈管理人心的兩個步驟，這兩個步驟其實是一個攻守的遊戲。這遊戲既在保羅身上適用，也同樣適用在你的身上。在攻方面，你要擊破一切攔阻人認識神的見解；在守方面，你要讓基督掌管你的生命，並過順服的生活。

在本週的餘下時間，你除了會學到擊破一切世俗的見解，從而讓心意得著更新的方法外，還會學到體貼基督的心意，過順服生活的秘訣。

本週金句說明了心意更新的原因，試在下面空白處把它默寫出來，然後說出一個你用來更新心意的方法。

____

____

____

學習「門徒品格」中的「世俗基督徒」部分，它能把「世俗」的內容以圖像化的方式呈現出來。

培養「門徒品格」

參看「門徒品格」講解中的「世俗基督徒」部分（第254-257頁）。

請在下面空白處繪出世俗基督徒的圖像。首先，請你把圓圈的頂部和底部——屬靈之門和肉體之門——敞開。之後，在圓圈的中央寫上一個英文大楷字母「I」，並在圓圈之上寫「世俗基督徒」。最後，請把「靈」字以較粗的字體顯示出來。若你需要幫助，可以參看的「門徒品格」講解（第247-263頁）。相信在本課程結束時，你不但可以畫出一個完整的「門徒品格」圖，還可以用你自己的話把它的含意解釋出來。

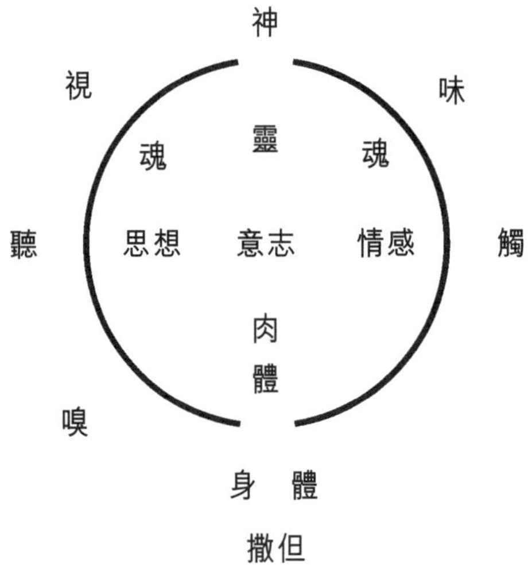

木匠工作坊

在第一週，你已明白了舊人與新人的不同。在本週，你將會集中學習如何靠著聖靈，重鑄自我品格的方法。

■ 請細閱下列有關不道德和不聖潔思想的經文：

世俗的方法

「情慾的事都是顯而易見的，就如姦淫、污穢、邪蕩、拜偶像、邪術、仇恨、爭競、忌恨、惱怒、結黨、紛爭、異端、嫉妒、醉酒、荒宴等類。我從前告訴你們，現在又告訴你們，行這樣事的人，必不能承受神的國。」（加 5：19-21）

「所以，要治死你們在地上的肢體，就如淫亂、污穢、邪情、惡慾、和貪婪，貪婪就與拜偶像一樣。因這些事，神的忿怒必臨到那悖逆之子。當你們在這些事中活著的時候，也曾這樣行過。」（西 3：5-7）

「至於淫亂並一切污穢，或是貪婪，在你們中間連提都不可，方合聖徒的體統。淫詞、妄語、和戲笑的話都不相宜；總要說感謝的話。因為你們確實的知道，無論是淫亂的，是污穢的，是有貪心的，在基督和神的國裡都是無分的。有貪心的，就與拜偶像的一樣。」（弗 5：3-5）

屬靈的方法

「聖靈所結的果子，就是仁愛、喜樂、和平、忍耐、恩慈、良善、信實、溫柔、節制。這樣的事，沒有律法禁止。」（加 5：22-23）

「所以，你們若真與基督一同復活，就當求在上面的事；那裡有基督坐在神的右邊。你們要思念上面的事，不要思念地上的事。因為你們已經死了，你們的生命與基督一同藏在神裡面。」（西 3：1-3）

「所以，你們該效法神，好像蒙慈愛的兒女一樣。也要憑愛心行

事，正如基督愛我們，為我們捨了自己，當作馨香的供物和祭物，獻與神。」(弗 5：1-2)

請從「世俗的方法」的經文內，找出你需要摒棄的行為。

請從「屬靈的方法」的經文內，找出你需要學習的行為。

請你在本星期內，每天都記下摒棄世俗行為和學習屬靈行為的進度。若你認為這是你的私隱，你可以把進度寫在其他地方。不管你把進度寫在哪裡，你必須要做的，就是記下你在學習過程中的改變。

以下是我的例子：

我要摒棄的行為：不潔的性幻想和行為。

我為了摒棄以上行為而有的行動：不再看色情刊物。

為了讓聖靈在我身上工作，以至自己能活出基督樣式而有的行動：把神的話藏心裡，使自己能有純潔的心思和意念。

現在，請你記下自己棄舊迎新的行動：

我要摒棄的行為：jealous / 自誇

我為了摒棄以上行為而有的行動：謙卑，常存愛心。

為了讓聖靈在我身上工作，以至自己能活出基督樣式而有的行動：remember the fruit of the spirits — love, joy, peace, patient, kindness, goodness, faithfulness, gentleness, self control

願意改變

人們常說：「江山易改，品性難移」。因此，我們無須因未能立即把自己的品性改變過來而感到失望。我們要作的，便是求神繼續更新我們的心志，並讓祂掌管整個的學習過程，這樣，我們便必然能看到自己的改變。若你想立刻知道更新心意的方法，你可翻閱第83頁的建議，並複印一份給自己。

請為你還未信主的家人做點事，並在下次的聚會時分享你的經驗。

今天靈修時，請細閱以弗所書2：1-10。這是一段描述我們如何能在基督裡重生的經文。讀畢後，請完成下面的「每日與主相交」。

神向我說甚麼：

我向神說甚麼：

第3天 更新的心意

吉米和愛德娜是德州西哥倫比亞教會的老會友。他們雖然信主多年，但仍然未能把生活上的一切都交給神，而令他們最為難的，便是未能把教會生活放在工作之上。因此，當吉米聽到教會開辦「塑造主生命」課程的消息時，便非常渴望參加，甚至央求愛德娜和他一起參加，愛德娜也只得勉強答應了他。

當課程講及「世俗基督徒」和心意更新的題目時，聖靈便在愛德娜身上動工。她的牧師後來說：「她開始看到自己原來是個只顧自己利益的世俗信徒，這時，神開始在她身上作工，而參加『塑造主生命』課程也成為了她喜樂的源頭。每一課完結後，她都巴不得下星期可以快點來到，讓她可以有更多的學習。現在，她已是一個被聖靈更新過來的人了！」

基督的心

作為一個信徒，*你的思想和行為都應該以基督為榜樣*。保羅在腓立比書2：5說：「你們當以基督耶穌的心為心」。他又在哥林多前書2：16中，再一次提及基督的心：「誰曾知道主的心去教導他呢？但我們是有基督的心了。」

■ **在哥林多前書2：16中，保羅認為基督徒具有甚麼東西？**

____

■ **保羅指出，基督徒要有基督的心。你既已有了基督的心，你又會否以基督的心思為你的心思呢？□ 會　　□ 不會**

按理説，你的答案應是「會」，因為你應是一位衷心希望活出主的樣式和以基督的心為心的人。可是，如何才能把這意願變為事實呢？答案就是：讓基督的心思成為你的心思，你的生命便能徹底的更新。

■ **下列各句中，哪句才是以基督的心為心的真正意思？請在適當的方格內加上「✓」號。**

□ 1. 一切的思想都服在基督的主權下。
□ 2. 時刻思念屬靈的事。
□ 3. 高智商。
□ 4. 以基督的角度來看事物。
□ 5. 透過默想來倒空自己。

若你想基督所想的，你便*能像主一樣的看事物*，這也表示，你能拒絕撒但，並讓神掌管你的生命。當你的思想能服在基督的主權下，你便能思想屬靈的事了。可是，高智商和透過默想來倒空自己，都不能使你擁有基督的心。其實，每個信徒都是擁有基督的心的人，問題是他／她有沒有體貼這顆心罷了。上面正確的答案是：1，2，4。

■ **試根據你的所學，把適當的字詞填入句子內，使句子能清楚説明讓基督掌管生命的步驟。**

更新　　思想　　心思　　認識

1.除去一切 認識 神的障礙。

2.使一切的 思想， 都服在基督的主權之下。

3.擁有基督的 心思。 。

4. 更新 你的心意。

透過除去一切認識神的障礙，使一切的思想都服在基督的主權之下，擁有基督的心思和讓聖靈來更新你的心意，你便能讓基督掌管你的生命。

本週金句怎樣說明心意的更新？試大聲誦讀它一至三遍，並繼續把它背下來。也請你重溫上週所背過的腓立比書 2：13。

心意更新的過程

心意更新的第一步，就是要把神的話充滿你的心，並以聖潔的思想代替不潔的思想。你愈多活在神的話語中，你的心意就愈發更新。

■ **以下經文能給你更多有關心意更新的提示，試細閱它們，然後把經節與經文大意配對起來。**

「你們要思念上面的事，不要思念地上的事。」(西 3：2)

「因為隨從肉體的人，體貼肉體的事；隨從聖靈的人，體貼聖靈的事。體貼肉體的，就是死；體貼聖靈的，乃是生命、平安。」(羅 8：5-6)

「只等真理的聖靈來了，祂要引導你們明白一切的真理；因為祂不是憑自己說的，乃是把祂所聽見的都說出來，並要把將來的事告訴你們。」(約 16：13)

「惟喜愛耶和華的律法，晝夜思想，這人便為有福！」(詩1：2)

「弟兄們，我還有未盡的話：凡是真實的、可敬的、公義的、清潔的、可愛的、有美名的，若有甚麼德行，若有甚麼稱讚，這些事你們都要思念。」(腓 4：8)

_____	1. 西 3：2	a. 思想值得讚美的事。
_____	2. 羅 8：5-6	b. 體貼屬靈的事。
_____	3. 約 16：13	c. 讓聖靈引導自己來明白真理。
_____	4. 詩 1：2	d. 追求屬靈的事。
_____	5. 腓 4：8	e. 默想神的話。

不要讓你的心徘徊在罪惡的事上，倒要思想有益的事，如神的話。請你緊記一個使用電腦的原則：「垃圾進，垃圾出」，因這也是思想和行動之間的關係。每當你的腦海出現世俗思想時，你便要把它們想像為救護車上的紅色閃燈，因為這些思想正是你生命的警號，正警告你要把心思重新投放在屬靈的事上。上面正確的答案是：1-d；2-b；3-c；4-e；5-a。

當你受試探去作不聖潔的事時，有甚麼方法能把心思轉向基督？以下便是一些簡單而實用的方法：

把心思轉向基督

1. 緊記基督也與你一樣，曾在各方面受盡試探，只是祂沒有犯罪。(參來 4：15)

2. 在需要時禱告，求神賜下恩典。（參來 4：16）

3. 謙卑屈膝。（參腓 2：5-11）

4. 學習神對罪的態度和回應，堅拒試探。

5. 祈求聖靈指引你如何面對試探。（參箴 3：5-6）

6. 求神與你同行，讓你能克服試探。

7. 在被試探時，找一節聖經來支持自己。

8. 求神助你專注於祂的旨意。（參腓 2：13）

9. 承認自己曾受試探，並求神的饒恕。（參約一 1：9）

10. 明白自己正在處於屬靈戰爭中，並順服神的命令。（參羅 8：26-27）

木匠工作坊

你學習脱去舊人和穿上新人的進展如何？

■ **昨天你已記下一個為要活出基督樣式而必須摒棄的行為，現在，請你舉出一個證明你已摒棄該行為的例子。**

____

____

____

____

在你一點一點的把舊人的特點摒棄，並且穿上新人而活出基督的特質時，我希望你仍然不忘每天與主相交。維持寫靈修心得、每日與主相交、或在筆記簿上詳細寫下你與神交談的內容，都能助你每天檢視神對你的說話和你對神的說話。我自己除了每天讀經外，也會每星期花一至兩小時，反省神在該星期對我的說話。此外，我每月也會花半天至一天的時間，思想神在該月向我說的話。我的經驗告訴我，神往往用了一個月的時間向我說話，但我還是懵然不知，直至我在自我檢討的那天，或比那天早一點的時間，才發覺神要對我說的話。留心神對我說話的習慣，正是一直助我順服主的秘訣。

請在今天靈修時，細閱腓立比書2：5-11。看看神如何藉著這段經文，教導你擁有基督的心的方法。我也希望你能繼續在連續二十一天靈修的目標上努力。讀畢該段經文後，請完成下面的「每日與主相交」。

神向我說甚麼：

____

____

____

____

我向神說甚麼：

____

____

____

____

第4天 想基督所想

也許你會想：我這個罪人，真的可以想基督所想的嗎？無疑，某些著名佈道家的確可以擁有基督的思想，但我是甚麼人？若我認為自己也可以擁有基督的思想，豈不是自以為是嗎？

你有基督的心

相信自己有基督的思想並非自以為是，因為當你得救的時候，你就有了基督的心。哥林多前書2：16說：「**誰曾知道主的心去教導他呢？但我們是有基督的心了。**」此外，神造你的時候，也賦予了你耶穌的形像。羅馬書8：29說：「**因為祂預先所知道的人，就預先定下效法祂兒子的模樣，使祂兒子在許多弟兄中作長子。**」希伯來書2：10也說神要領許多的兒子進入榮耀裡去。你所得的榮耀，就是得以像神兒子般完美的榮耀。你昨天靈修時，所讀的腓立比書2：5已告訴了你，你是個擁有基督的心的人。若你是個不可能有基督的心的人，又或你根本不能把基督的心意活出來，你認為聖經還會提醒你是個有基督的心的人嗎？雖然，你是個有基督的心的人，但你知道如何才能想基督所想嗎？答案就是：竭力追求認識祂，聽祂的話，並學習祂啟示給人的真理。

■ **哪一本書可讓你認識基督、聽祂的話和學習祂的真理？**

____

■ **請細閱或背誦約翰福音8：31-32，這兩節經文是你在《塑造主生命》第一冊「十架篇」中曾學過的。聖經說：**「你們若常常遵守我的道，就真是我的門徒；你們必曉得真理，真理必叫你們得以自由。」**根據經文，活在神的真理中，對為奴的心可起甚麼作用？**

活在神的話語 —— 聖經 —— 中，乃是人認識基督的主要途徑。聖經向人啟示了神的真理，若你遵守神的話，又活在祂的話中，祂就會藉著聖靈向你說話。因為聖靈其中的一個功用，就是向你啟示真理，你若能活在神的真理之中，你為奴的心就得以自由。

嘗試藉著背誦本週金句 —— 羅馬書12：1-2，來學習活在主的話語中。並嘗試在下面空白處把金句默寫出來。

■ **在約翰福音8：31-32中，耶穌用了甚麼字眼形容遵守神的話，或活在神話語中的人？**

□ 跟從者　　□ 門徒　　□ 回轉的人　　□ 罪人

遵守神話語的人就是主的門徒。這段經文的意思是：如果你遵守神的話，又活在祂的話語中，你便是祂的門徒了。

每天靈修，就是讓我們能不斷活在神話語中的方法，而連續二十一天靈修，便是讓你擁有屬天性情的方法。因此，若你在過去的二十一天中，有一天是沒有靈修的，請你現在從新開始。今天靈修時，請細閱路加福音 4：14-21。這段經文記載了一次耶穌在會堂裡讀經的事件，而祂所讀的經文，正與父神為祂所定下的旨意有關。讀畢後，請完成下面的「每日與主相交」。

神向我說甚麼：

____

____

____

____

我向神說甚麼：

____

____

____

____

■ 試完成下列的問題，並檢討自己心意更新的進度如何。

你真是耶穌的門徒嗎？ □ 是 □ 不是

你的答案若是「是」，你是如何得知自己身分的？請重溫哥林多前書2：16和羅馬書8：31，並根據經文，說明你得知自己是真門徒的原因。

____

■ **你若是主的門徒，你可憑甚麼力量來每天更新自己的心意？**

____

■ **你是否願意讓神的話語成為你生活的一部分？** □ 是　□ 不是

你的答案若是「是」，請寫下你為自己所定下的目標。

我會 ______________________________

木匠工作坊

你的品格能否反映出你是個更新的人？你有沒有靠著聖靈的幫助，在除去舊人、穿上新人的學習上，取得良好的進展？

■ **昨天，你舉出了一個證明你已摒棄舊人行為的例子，今天，請舉出一個基督加給你新品格的例子。**

____

祈求基督的性情

建立基督性情的其中一個方法，就是要與弟兄姊妹一起禱告，求神來改變你的生命。而在種種與別人一起禱告的方式中，最有果效和最蒙悅納的，可說是「對話式禱告」了。世界上有不少群體，都因正確地使用「對話式禱告」而得著大大的復興。

「對話式禱告」就是集體與神說話的禱告方式。試想想，當一群人聚在一起閒談時，是否每個人都會説幾句話，然後其他人又會對有關事件表達自己的意見？當有關事情已沒有甚麼好説的時候，某人便會提出另一個題目，然後其他人便又會圍繞這個題目來表達自己的意見。「對話式禱告」的方法，與我們閒談的方式大同小異，以下便是「對話式禱告」的原則，若你能根據這些原則來禱告，相信你必定會有一個全新的、令你振奮的禱告經歷。

■ **細閱以下「對話式禱告」原則，並在你認為最困難的原則旁加上「★」號，然後求神幫助你克服這些困難。**

「對話式禱告」原則

1. *堅信神臨格在小組中*，而你既是小組中的一位成員，所以也能與神談論彼此關心的事。某些小組甚至在聚會時，放下一張空椅子，以提醒他們神的同在。

2. 每次只為一件事禱告。在開始新的禱告事項前，必須讓所有關心先前事項的人都有禱告的機會。你們無須擔心禱告期間的沉默，因為這正是轉換禱告事項的提示。禱告時，你們無須對有關事項作出討論或記錄，只要專心禱告便可以了。

3. 禱告要簡短。每個人為每件事禱告一至兩句便可以了。簡短的禱告也可讓每位組員都有禱告的機會。

4. 禱告要自然，儘量不要使用一些公式語，又因這是一個連續的禱告，所以禱告完畢時，也不用説「阿們」。

5. 儘量使用第一身單數稱呼，即説「我」，而不説「我們」。初信者能輕易地運用第一身的稱呼，而信主日子較長的信徒，卻往往需要較長的時間才能適應。

6. *祈求與認罪都要具體、清晰*。如果你能具體、清晰地把祈求的事項說出來，神便可藉著你來令其他人向祂傾心吐意。若組員只簡單地說：「請改變我驕傲的性格。」其他人也就會跟著簡單地說：「主啊，我也有這個問題。」還有，禱告的事項若不夠明確，我們便不能知道它們是否已經蒙神的應允。

7. 若時間許可，大家也沒有異議的話，禱告便可一直繼續下去。組員若有需要，他／她亦可在禱告期間離開數分鐘。禱告時，我們不必特別注意身體的姿勢。如果你覺得舒服，你可以開著眼睛禱告，約翰福音11：41也記載了耶穌睜開雙眼的禱告。當然，你可以閉上雙眼，讓自己能專心的禱告。當你向神說話時，請你同時打開心門，讓神向你說話。

與朋友、家人、或禱伴一起禱告，你可教導他們「對話式禱告」的原則。請在下面寫下你準備與他們一起禱告的日子和時間。

____

■ **請現在停下來，求神幫助你克服加上了「★」號原則的困難。又求神透過「對話式禱告」，來讓你結出更多屬靈的果子。**

第5天 我是誰

在本週，你已明白為甚麼聖經認為心意更新是必要的，又*知道了自己有基督的心和能想基督的所想*。可是，你能把這些東西應用在工作、家庭、教會和日常生活中嗎？

■ **請細閱下列個案，並説明其中人物應如何更新他們的心意。**

琳達和丈夫法蘭克負債累累，信用卡的帳單和借貸令他們一直都未能擺脱財政上的危機。他們要做兩份工作，才能維持生計。但由朝到晚的工作，令他們每天都筋疲力盡，甚至無法陪伴家中的兩個小孩。琳達是個購物狂，當每次收到公司寄來的產品目錄時，都會受不住誘惑，要把貨品訂購下來。但每一次她用信用卡付帳時，家中的債項也就相應增加了。你認為琳達怎樣才能把她的心意更新過來？

____

____

湯尼已因自己失業三個月而感到羞愧，他的妻子雖然極力嘗試支持他，但卻常常不由自主地批評了他，令到湯尼非常難受。湯尼每天在公園跑步時，都會遇上一位跟他同時間跑步的迷人女子。後來，他們開始在水池旁談話，當湯尼提到自己失業時，這位女子竟非常的同情他。湯尼發現他愈來愈想念這位女性朋友和她給予的鼓勵。你認為湯尼應怎樣做才能更新他的心意呢？

林克是教會中福音外展隊的成員，近來，他的福音隊在探訪慕道朋友和帶領別人信主的事情上，都取得驕人的成果。在過去五週內，林克每週都能帶領一位或以上的人決志信主。這事很快便在教會中傳開，牧師也因此邀請林克在主日崇拜中作見證。林克於是想，他在傳福音工作上的成功，很可能有助他成為執事會的主席，而教會對他的重視，也讓他驕傲起來。你認為林克應做甚麼來更新他的心意呢？

你的答案可能與以下的相同：

琳達可以這樣更新她的心：她得首先承認自己是個受不住誘惑的人，並要把寄到家中的目錄立時扔進垃圾桶內，好讓自己沒有看它的機會。她也要透過研讀聖經中對擁有物質的教導來改變自己的擁有慾，並要為她的家訂下一個減輕債務的計劃。

湯尼可以這樣更新他的心：他可以改變他跑步的時間和地點，讓自己不會再遇到那位女子，這樣，他的婚姻也就不會因第三者的介入而被破壞。他也要祈求聖靈給他看見穩固婚姻的方法，又要多與妻子在一起，坦誠地跟她討論問題，並尋求專業的輔導，以幫助他們渡過這段艱難的日子。

林克可以這樣更新他的心：他在讀經的時候，要祈求聖靈的幫助，讓他明白傳福音乃是順服基督的表現，而不是獲取別人讚賞的手段。他也可以翻閱腓立比書2：5-8，讓基督教導他如何可以謙卑下來。

更換舊思想

聖經說：「因為他心怎樣思量，他為人就是怎樣。」(箴23：7)你的想法會左右你的慾望和行為。當你把不潔的思想轉為榮耀神的思想時，你的整個人生觀便都會改變過來。若你常常對自己說：「我是不行的」，你所做的便會應驗你對自己所說的。可是，若你時刻想著基督的大愛，以及相信你在神眼中是寶貴的，你便會行出榮耀主的行為。你也可以透過思念基督的代死，來代替你對自己消極的看法，這樣，你的心意便獲得更新。此外，透過記著自己是誰和屬誰，也同樣是讓你的心意獲得更新的方法。

■ **請描述一個你必須要把自己的心意更新過來的情況。**

請想出一些可把心意更新的行動或方法。

如何更新你的心

以下是更新心意的一些建議，你可影印下來，把它們夾在聖經中，放在公事包或錢包裡，方便自己隨時參看。

- 唱讚美詩。
- 背誦可在日常生活中應用的經文。
- 禱告。
- 讓基督管理你的思想。
- 思念天上的事。
- 粉碎撒但的營壘。
- 獻己於主，當作活祭。
- 向朋友傾訴。
- 幫助有需要的人。
- 明白自己已擁有基督的心。

你也可翻看自己在解答上文三個個案時的答案，以及本書提供的參考答案，看看有哪些是你可以應用的。

■ **現在請停下來禱告，求神給你勇氣，好讓你能把以上答案實踐出來。**

請把本週金句——羅馬書12：1-2，向一位你認為對他有幫助的人大聲誦讀出來。也請你向他／她解釋，這兩節經文為甚麼能鼓勵你把心意更新。

無可否認，每當我們嘗試想基督所想，或活出主的樣式和德行時，我們內心都會有所掙扎。為甚麼每當我們要把自己奉獻給主，要活出主的性情時，這些掙扎便會出現呢？「門徒品格」圖中對「世俗基督徒」的講解，將會為你提供答案。

培養「門徒品格」

■ **請讀下列經文**：「弟兄們，我從前對你們說話，不能把你們當作屬靈的，只得把你們當作屬肉體，在基督裡為嬰孩的。我是用奶餵你們，沒有用飯餵你們。那時你們不能吃，就是如今還是不能。你們仍是屬肉體的，因為在你們中間有嫉妒、分爭，這豈不是屬乎肉體、照著世人的樣子行麼？」（林前 3：1-3）

為甚麼保羅認為哥林多信徒是不成熟，是屬肉體的？

保羅認為哥林多信徒是不成熟的，因為他們容許嫉妒和分爭在他們中間。若你沒有讓基督藉著聖靈來管理你的生命，你便是個世俗基督徒。若你已讓基督進入你的生命中，但你還是堅持要管理自己的生命，那麼，舊我、天然的我便仍舊是你生命的主宰，你因此仍然是屬肉體的。世俗基督徒雖然是神的兒女，但他們不接受聖靈的帶領，反而任由肉體之門開著，又容許舊我、天然的我來掌管他們的思想、行為和感覺。琳達、湯尼和林克的個案便充分反映世俗基督徒的表現。也許，你從自己身上，也能發現類似的表現。

下圖便是你在第二天所繪的「門徒品格」圖，請你在世俗基督徒的題目下，寫上林前 3：1-3。相信在本課程結束時，你不但可以畫出一個完整的「門徒品格」圖，而且能用你自己的話把它的含意解釋出來。

世俗基督徒

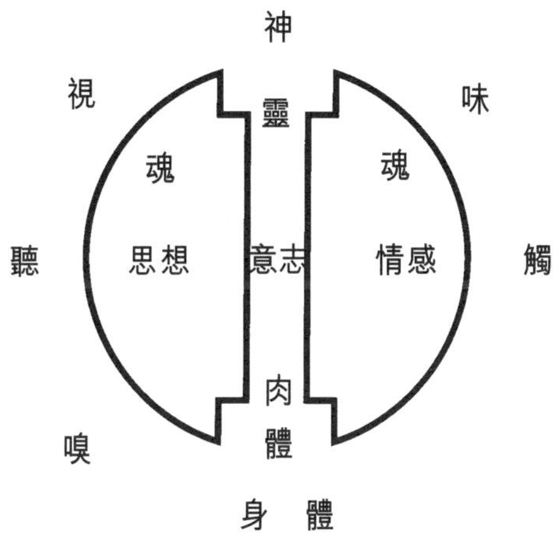

撒但

放下舊我是不容易的，但不要因此而灰心，因為*基督要成為你的主，祂要讓你每天都過得勝的生活*，也要讓聖靈更新你的心。你將會在第三週學習更多摒棄舊人的方法。

杜頓是北卡州的一位教師和議會領袖。當俄羅斯還是被無神論政府統治時，他曾到過當地的一條村莊，主領「塑造主生命」課程。期間，他發現不少美國信徒所過的，原來都是屬世的生活。反觀他所帶領的俄羅斯信徒，為了趕赴這個訓練課程，卻寧可犧牲大量的時間和金錢。看著這批被聖靈所感動的俄羅斯信徒時，杜頓不禁熱淚盈眶，他說：「在教導過這批熱心的信徒後，我不得不承認，美國信徒最關心的，便是他們自己，而不是能否跟隨主。在那個西伯利亞課室內的，都是經歷過逼迫和禁制的信徒，他們熱心追求認識主，但我們的政府呢？他的每項決定，都是按自己的意思，而不是按神的意思，這情況實在令人心酸。」

請在今天靈修時，細閱創世記50：15-21。這段經文記載了一班人後悔以往所作所為的原因。讀畢後，看看神有沒有藉這段經文向你説話，並完成下面的「每日與主相交」。

神向我説甚麼：

____

____

____

____

我向神説甚麼：

____

____

____

____

木匠工作坊

在本週，你能否成功脱去舊人，並披戴新人的品格與行為？

■ **請回答下列問題，它們是你在第66頁所思考過的。**

在本週，我摒棄了的性格和行為有：

基督在本週加給我的品格特質是：

■ **請停下來禱告，感謝神就上述問題所給你的幫助，並祈求祂繼續賜給你接受改變的勇氣。**

本週有甚麼不同？

■ **重溫在本星期開始時的學習材料「本週與主同行」。若你已完成有關活動，請在該活動前的◇符號內畫一直線。若有未完成的活動，請你繼續完成它。最後，請你想一想如何在小組內，分享你對本週活動的體驗。**

在學習過「心意更新」後，我希望你能明白，世俗基督徒的生活方式只會令你在神的計劃前卻步。我希望「門徒品格」中的世俗基督徒部分能助你看到自己屬靈生命中的軟弱或不足。你若要勝過這些軟弱或不足，就必須想基督所想的。雖然，不少基督徒在把世俗的、肉體的心思轉換成基督的心思時，都遇到不少困難，但聖靈必定會助你克服這些困難，並把你的心意完全更新過來。總言之，每當我們以榮耀神的思想來代替肉體的思想時，撒但就會被我們擊退，而我們也因此不再是撒但的奴僕，也不會再被撒但的思想所轄制。

第三週

作情緒的主人

本週目標

學會使用「情緒管理六步曲」來控制你的情緒。

本週與主同行

你將會通過下列的活動來進行作門徒的六項屬靈操練。每當你完成一項活動時，請在有關句子旁的◇符號內畫一直線。

與主同在

◇ 實行每天靈修，並定下一連二十一天的靈修目標。本週內哪一天有靈修的，請在當天的方格內加上「✓」號。

□主日　□週一　□週二　□週三　□週四
□週五　□週六

◇ 嘗試在靈修時，用五分鐘來握住組長分發給你的釘子。

活在主的話語中

◇ 每天讀經。寫下神對你說的話和你對神說的話。
◇ 背誦加拉太書5：22-23。
◇ 溫習腓立比書2：13及羅馬書12：1-2。
◇ 細閱「如何聆聽神的話」。
◇ 在「聆聽神的話」表格內，記錄一篇講章的重點。

信心禱告

◇ 為你的家人和親友禱告。

信徒相交

◇ 跟你一個不喜歡的人，或一個不喜歡你的人坐下來，喝杯茶，聊聊天。

向世人作見證

◇ 細閱「如何寫見證」，並根據指示，寫出自己的得救見證。

彼此服侍

◇ 學習「門徒品格」圖中，「屬靈基督徒」的部分。

本週金句

「聖靈所結的果子，就是仁愛、喜樂、和平、忍耐、恩慈、良善、信實、溫柔、節制。這樣的事，沒有律法禁止。」(加 5：22-23)

第1天 神的禮物

父親常常向我憶述，他年青時是個脾氣暴躁的人，雖然他在十九歲那年信了主，但他仍然控制不了他的脾氣。因此，每當他快要發脾氣時，他就嘗試掙扎著令自己冷靜下來，希望能藉此來榮耀神。

在不斷的禱告和讀經後，父親的性格便漸漸的有了轉變。某天晚上，有人威嚇父親，並不由分說的往他面上打了一拳，那一次，父親竟沒有還手。他回想那事時，說：「當我沒有像以往般還手時，我便知道我已克服了自己的壞脾氣。」

■ **你在面對突如其來的打擊時，你能否仍然控制自己的情緒？試把你的經歷描述出來。**

It's a lot harder when facing w/ criticism. I usually hide it in my heart, & release it later.. Still need to learn to control it.

差不多每個人都有控制不了自己情緒的經驗，在本週課程中，你將會明白為何聖靈能助你控制和掌管自己的情緒。

「想做就去做」似乎是這個世代的口號。這口號也同時代表了一種自我中心的哲學，而這個哲學所反映的，正是任由情緒主宰我們的思想。可是，當我們被情緒主宰時，情緒便不會成為我們的僕人，相反，它只會成為我們的傷害。因此，基督願意成為你的主人，特別是你情緒的主人，祂要助你成為一個向自己情緒負責任的人。此外，聖經也早已向你啟示了處理情緒的方法，在本週，你不單會學習這些方法，更會學習如何讓聖靈來管理你的情緒。相信在本週的課程完結時，你便能夠：

- 把你的情緒和價值觀聯繫起來；
- 列出能夠處理我們情緒的「情緒管理六步曲」；
- 把「情緒管理六步曲」應用在你情緒失控的情況上。

甚麼是情緒

情緒是神賜給人，讓人感到愉快或不愉快的感覺；它也是人對內在或外在刺激的反應。情緒本身並無好與壞的分別，問題只在於我們表達情緒時，是榮耀了神、還是傷害了自己和別人。

情緒也是你個性中不可分割的部分。我們若是沒有情緒，生活就會變得枯燥乏味，我們也因此無法經歷忿怒、緊張，喜樂和愛。由此可知，神造人的其中一個目的，就是要人經歷種種不同的情緒。

■ 請細閱下列經文：

「耶穌怒目周圍看他們，憂愁他們的心剛硬，就對那人說：『伸出手來！』他把手一伸，手就復了原。」(可 3：5)

「我賜給你們一條新命令，乃是叫你們彼此相愛；我怎樣愛你們，你們也要怎樣相愛。」(約 13：34)

「耶穌哭了。」(約 11：35)

「現在我往祢那裡去，我還在世上說這話，是叫他們心裡充滿我的喜樂。」(約 17：13)

試根據上列經文，選出耶穌曾表現過的情緒。

☑ 忿怒　☑ 仁愛　☑ 憂傷　☑ 喜樂

由於耶穌也是個人，所以祂也要經歷人類所有的情緒。以上的情緒，耶穌全都經歷過了，但祂與我們不同之處，就是祂雖然與我們一樣，經歷過喜、怒、哀、樂，但祂卻沒有犯罪。

情緒的來源

情緒是個人價值觀和信念所投射出來的自然反應，由於每個人的價值觀和信念都是不一樣的，所以不同的人對相同的環境會有不同的反應，也因此，我們的情緒不是受到別人的肯定，便是受到別人的質疑。

請你在今天靈修時，細閱馬太福音21：12-16。這是一段描述耶穌情緒的經文，讀畢後，請完成下面的「每日與主相交」。

神向我說甚麼：

It's normal to have temper.
& we (can) ~~need~~ to express it!
要懂得control情緒, not to use it to hurt ppl.

我向神說甚麼：

可作情緒的主人.

■ 請回答下列有關馬太福音 21：12-16 的問題。

就人們在聖殿裡作買賣一事，耶穌的反應與文士和祭司長的反應各有不同，他們的反應分別是甚麼？他們又為何有這樣的反應？

耶穌的反應是：＿＿＿＿＿＿＿＿＿＿＿＿＿＿＿＿＿＿＿＿

為甚麼？＿＿＿＿＿＿＿＿＿＿＿＿＿＿＿＿＿＿＿＿＿＿＿

文士和祭司長的反應是：＿＿＿＿＿＿＿＿＿＿＿＿＿＿＿＿

為甚麼？＿＿＿＿＿＿＿＿＿＿＿＿＿＿＿＿＿＿＿＿＿＿＿

就耶穌在聖殿醫治瞎子和瘸子一事，小孩子的反應與文士和祭司長的反應各有不同，他們的反應分別是甚麼？他們又為何有這樣的反應？

小孩子的反應是：＿＿＿＿＿＿＿＿＿＿＿＿＿＿＿＿＿＿＿

為甚麼？＿＿＿＿＿＿＿＿＿＿＿＿＿＿＿＿＿＿＿＿＿＿＿

文士和祭司長的反應是：＿＿＿＿＿＿＿＿＿＿＿＿＿＿＿＿

為甚麼？＿＿＿＿＿＿＿＿＿＿＿＿＿＿＿＿＿＿＿＿＿＿＿

同樣的事件能令不同的人起不同的反應。你也許會說，耶穌感到忿怒，因為祂認為聖殿是個禱告的地方，而文士和祭司長對有人在殿裡作買賣不是漠不關心，便是欣慰萬分，原因是人們若能在聖殿中買到祭牲，便能輕易地遵行獻祭的律例了。因此，當耶穌推倒兑換銀錢之人的桌子時，文士和祭司長是非常忿怒的。當耶穌把瞎子和瘸子治好時，小孩子們都非常高興，因為患病的人得了醫治，而耶穌的行動，也間接說明了彌賽亞已經降臨，可是，文士和祭司長卻大為震怒，因為他們認為耶穌稱自己為大衛的子孫（彌賽亞），是一件僭妄的事。

The Good Samaritan

■ **請細閱下列經文：**「耶穌回答說：『有一個人從耶路撒冷下耶利哥去，落在強盜手中。他們剝去他的衣裳，把他打個半死，就丟下他走了。偶然有一個祭司從這條路下來，看見他就從那邊過去了。又有一個利未人來到這地方，看見他，也照樣從那邊過去了。惟有一個撒馬利亞人行路來到那裡，看見他就動了慈心，上前用油和酒倒在他的傷處，包裹好了，扶他騎上自己的牲口，帶到店裡去照應他。第二天拿出二錢銀子來，交給店主，說：『你且照應他；此外所費用的，我回來必還你。』你想，這三個人那一個是落在強盜手中的鄰舍呢？』他說：『是憐憫他的。』耶穌說：『你去照樣行吧。』」（路 10：30-37）

試根據經文，分析為甚麼不同的人會對同一樣的情況產生不同的反應。

利未人對眼前情況漠不關心，可見他的價值觀是怎樣的？

只顧自己的事，看自己比其他人重要。

撒馬利亞人對眼前的傷者表示同情與關懷，你認為他的價值觀是怎樣的？

體恤他人如己，有 merciful heart

你可能會回答說：利未人對那個受傷的人毫不重視，或者他對事奉的重視程度遠較拯救眼前的傷者為高，因此他便匆匆走過，置傷者於不顧。你也可能會回答說：撒馬利亞人因重視那個傷者，所以他寧可擱下手上的工作，並花錢醫治他。

你對事件的回應是否正確，完全取決於你的價值觀。錯誤價值觀做出來的事，雖然能令人快樂，但也能令人傷心或生氣，若你能分辨哪些事能令你快樂，哪些事能令你傷心或生氣，你便是個明白自己價值觀的人。而對一個世俗基督徒來說，他人生最大的價值，就只是自我中心的生活罷了。

■ **試描述你最近一次發怒的感受。**

Everything in sight seems hateful at that moment. Feeling that I don't like being judged. But I also judging other. Just unhappy for everything I transferred & bitter.

■ **是甚麼東西令你憤怒，試從下列各項中找出來。**

☐ 我的地位與名譽	☐ 我的計劃
☐ 我的權利	☐ 我的財產
☐ 我的身分	☐ 我的意見
☐ 我肉身上的需要	☐ 我的慾望

請再看一遍上表，並在心裡找出引致你近日感到害怕、憂傷、喜樂、孤獨、緊張和窘困等情緒的原因。為甚麼你會有這些感覺？若你達成了以上各項中的其中一項，你便可能在近日有過喜樂或愉快的感覺。若以上各項都是你未能達到的目標，你便可能正處於害怕、忿怒、孤單和被欺騙的感覺中。一個不能控制自我情緒的人，通常也會是一個專顧自己和過著世俗生活的人。

■ **請細閱下列經文：**「弟兄們，我從前對你們說話，不能把你們當作屬靈的，只得把你們當作屬肉體，在基督裡為嬰孩的。我是用奶餵你們，沒有用飯餵你們。那時你們不能吃，就是如今還是不能。你們仍是屬肉體的，因為在你們中間有嫉妒、分爭，這豈不是屬乎肉體、照著世人的樣子行麼？」（林前 3：1-3）

保羅怎樣稱呼那些被嫉妒、分爭等情緒所困的基督徒？

屬肉體的，要用奶餵的。

在上週，你已知悉「自然人」和「世俗基督徒」的特徵就是「屬肉體的」，而保羅也以「屬肉體」一詞來稱呼林前 3：1-3 中的信徒。在本週，你將會學習「門徒品格」圖中的另一部分 ——「屬靈基督徒」。「屬靈基督徒」與「世俗基督徒」一樣，也是具有強烈感情的人，不過，他們卻能控制自己對事件的反應，讓自己的情緒適當地表達出來。而「世俗基督徒」則未能控制自己對事件的反應，以至他反過來被情緒所控制。此外，「屬靈基督徒」的另一個特質，便是他們願意倚靠聖靈，而不倚靠自己。

倚靠聖靈

請翻到第90頁，把本週金句 —— 加拉太書5：22-23誦讀出來。根據這節經文，你能否說出聖靈是如何幫助我們控制情緒的？

當聖靈改變你時，祂便會在你生命中出現，並給你控制情緒的力量。聖靈也能幫助你，讓你能與自己不喜歡或不喜歡你的人相處。莎莉是德州一位牧師的妻子，她曾告訴我一個發生在烏克蘭的故事：她在那裡帶領「塑造主生命」課程時，認識了一對夫妻。數年前，作丈夫的信了主，但作妻子的卻對此非常不滿，甚至只許丈夫在神和她之間選擇一個。由於女方的父親是共產黨的領導人，因此，她不能讓丈夫把基督的信仰帶進她的家，而男方也為此事而煩惱了整整一年，夫妻間也因此多了磨擦。後來，他們十二歲的兒子告訴媽媽說：「若你離開爸爸，我會跟爸爸一起走的。」當她知道自己可能會失去兒子時，便無奈地拿起聖經來看，聖靈此時就在她心裡動工，催促她成為一個基督徒，又幫助她修補與丈夫和兒子的關係。

跟一個你不喜歡的人，或一個不喜歡你的人坐下來，喝杯茶，聊聊天。若你沒有找到這樣的一個對象，也可為一位你不大熟悉的人做點事，並預備在小組聚會中把你的經歷分享出來。

你也許會想：「我永不會幫助我不喜歡的人，也不會向這些人傳福音。若我這樣做，我一定控制不了自己。」你也許真的做不到，但聖靈能改變你，能更新你的心意，令你可以有行這事的能力。有了聖靈的幫助，你便懂得如何控制自己的情緒了。

■ **求聖靈幫助你，讓你能管理自己的情緒，並懂得如何在不友善的環境下，與別人修補關係。**

第2天

踏出積極的一步

很多時，人都會控制不了自己的情緒。有時，你更會感到自己的情緒像波浪洪濤一樣，叫你不能反抗，甚至只能隨波逐流。可是，這並不代表你沒有方法去控制它，因為每當你要放棄控制你的情緒時，聖靈便會給你及時的幫助。

我將會介紹一套控制情緒的行動給你，這套行動名為「情緒管理六步曲」(ACTION)。*情緒與行動之間有密切的關係，因為情緒是行動的原因，反過來說，我們也同樣可以用行動來改變我們的情緒*。以下就是「情緒管理六步曲」的意義（我把英文的意義也寫出來，以資參考）：

Acknowledge the emotion.	承認自己的情緒。
Consider why you have it.	思考情緒的來源。
Thank God that He will help you master it.	感謝神助你控制情緒。
Identify the biblical response to it.	找出聖經對情緒的回應。
Obey the Holy Spirit's leading.	順服聖靈的帶領。
Nurture the appropriate fruit of the Spirit.	培養聖靈的果子。

在未來的幾天，你將會學習如何透過這六步曲來管理你的情緒。

The fruit of the spirit is love, joy, peace, patient kindness, goodness, faithfulness, gentleness + self-control.

承認自己的情緒

「情緒管理六步曲」的第一步，就是「**承認自己的情緒**」。否認或壓抑你的情緒都是沒有益處的。若你看見人咬牙切齒地說：「我沒生氣！」你便知道他正在說謊，也控制不了自己的情緒。我們只有承認自己的情緒，才能把情緒控制。

■ **請細閱以下經文：**「於是帶著彼得和西庇太的兩個兒子同去，就憂愁起來，極其難過，便對他們說：『我心裡甚是憂傷，幾乎要死；你們在這裡等候，和我一同儆醒。』」(太26：37-38)

當耶穌要面對十字架的痛苦和憂傷時，祂第一件要作的事是甚麼？

admitting his worry & pain

耶穌在面對十字架的痛苦和憂傷時，並沒有否認或壓抑自己的情緒，相反，祂承認自己極其難過，因祂明白，勉強壓抑著哀傷，只會造成將來精神上的崩潰。簡言之，把情緒壓抑下來，只會對人的心靈造成更大的傷害和負擔。

若你要坦然接受自己的情緒，就先得明白自己的真正感受。譬如我們傷心，背後的真正感受很可能是孤單、被棄、無助和挫敗。清晰地辨認自己的情緒能助我們踏上「情緒管理六步曲」以後的幾步。現在，請你完成下面辨別情緒的練習。

■ **想想近日一件令你有強烈情緒反應的事件，然後在下列各項中，選出一個或多個最能形容你情緒的詞語。**

□失望	☑滿懷希望	□被棄	□被接納
□滿足	☑寂寞	☑興奮	□其他：
□惶恐	□勝利	□尷尬	- nervous
☑驚喜	□無助	☑有把握	________
□被騙	□安靜	□困擾	________

當然，形容情緒的字眼還有很多，你可隨意把它們加上。

思考情緒的來源

控制情緒的第二步，就是「**思考為甚麼自己會有這樣的情緒**」。在承認自己的情緒後，我們就得明白為甚麼自己會有這種情緒。然而，要找出引致情緒的原因並不是一件容易的事，因為幾小時前或數天前所發生的事，往往會停留在我們的潛意識內，叫我們的情緒在之後的日子中也不住的波動。這些事件令我們難以追尋引致我們情緒波動的真正原因。試完成下面的練習。

■ **你近日的情緒是：** nervous

■ **引致你有以上情緒的原因是甚麼？試在適當的方格內加上「✓」號。**

□我的身體狀況。
□別人對我說的話和談論我的話。
☑別人對我作的事和為我作的事。
☑我的想法。
☑我的願望。
□我的肉體（罪性）。
□我與神的關係。
□其他：work。

別人的話往往會把你弄糊塗，譬如：當上司問你是否具備完成某項計劃的技能時，你會感到莫明其妙，因為你在兩個月前才完成了相關的訓練，自信能勝任有餘。或者，你會認為上司問你這個問題，是因他對你的身體狀況沒有信心，而你也因此感到汗顏。無論你的感受如何，*只要你能找出引致你不同情緒反應的原因，你在控制情緒的學習上，便跨進了一大步！*

本週金句——加拉太書5：22-23，不但強調自我控制的重要，而且列出被聖靈管治的生命的特質。請你在背誦金句的時候，同時列出九種聖靈果子。你可翻到第90頁來核對你的答案。

仁愛　　喜樂
和平　　忍耐
恩慈　　良善
溫柔　　信實
節制

「門徒品格」圖的下一部分，將會助你溫習控制情緒的第一及第二步。

培養「門徒品格」

請翻閱「門徒品格」講解中的「屬靈基督徒」部分（第257-258頁）。

請你開始繪畫「門徒品格」圖中「屬靈基督徒」的部分。你可在下面找到「門徒品格」圖的基本架構。請你先把肉體之門關上，然後在圓圈的中央畫一個十字架，這十字架要把靈、肉體、思想、意志和情感全都包圍起來。然後，請在「肉體」一詞上寫上「釘死」二字，最後，請你在這個圓圈之上，寫上「屬靈基督徒」的題目。若你需要幫助，可參閱「門徒品格」講解的相關內容（見第 247-263 頁）。相信在本課程結束時，你不但可以畫出一個完整的「門徒品格」圖，還可以用你自己的話把它的含意解釋出來。

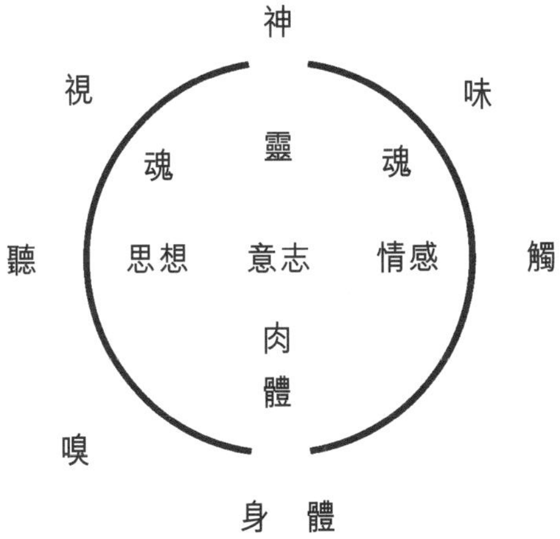

加拉太書2：20說：「我已經與基督同釘十字架，現在活著的不再是我，乃是基督在我裡面活著；並且我如今在肉身活著，是因信神的兒子而活；祂是愛我，為我捨己。」你能否宣告保羅所宣告的？你的答案若是「能」的話，請在下面的橫線上寫下你的名字。

■ **我，＿＿＿＿＿＿已經與基督同釘十字架，現在活著的不再是我，乃是基督在我裡面活著；並且我＿＿＿＿＿＿如今在肉身活著，是因信神的兒子而活；祂是愛我，為我捨己。**

■ **下面哪些句子是描述「屬靈基督徒」的？請在它們旁邊寫上「靈」字。**

＿＿＿ 把「舊人」置於死地。

＿＿＿ 蒙了勝過世界、肉體和罪惡的應許。

＿＿＿ 撇棄肉體的情慾。

＿＿＿ 聖靈住在他／她裡面，塑造他／她的品格。

＿＿＿ 接受神對他／她身體和靈魂的管理。

「屬靈基督徒」決心撇棄舊事，所以對他們來說，老我的肉體和情慾，就像被埋葬了一樣。「屬靈基督徒」能夠決心撇棄舊事，乃因神早已應許了信靠祂的人，必能勝過魔鬼、世界、肉體和罪惡。此外，住在他們心中的聖靈，也負起了塑造他們品格的工作，而品格塑造的結果，便是令他們甘心接受神對他們身體和靈魂的管理。以上的句子，都是對「屬靈基督徒」的描述。

木匠工作坊

你是否正在進行拆毀舊人和穿上新人的工作？在第二週，你已立志要撇棄某項舊行為，並要以新的行為來代替它。在本週，你將會看見聖靈如何幫助你，讓你成為新造的人。

■ **請細閱下列與言語不潔有關的經文，然後在屬世的方法中，找出你要撇棄的行為，又在屬靈的方法中，找出你要學習的行為。你可參考我已預先完成的一個例子。在本週的其餘時間，你都得記下你的學習進度。**

屬世的方法

「情慾的事都是顯而易見的，就如姦淫、污穢、邪蕩、拜偶像、邪術、仇恨、爭競、忌恨、惱怒、結黨、紛爭、異端、嫉妒、醉酒、荒宴等類。我從前告訴你們，現在又告訴你們，行這樣事的人，必不能承受神的國。」（加 5：19-21）

「但現在你們要棄絕這一切的事，以及惱恨、忿怒、惡毒、毀謗，並口中污穢的言語。」（西 3：8）

「污穢的言語一句不可出口，只要隨事說造就人的好話，叫聽見的人得益處。」（弗 4：29）

屬靈的方法

「聖靈所結的果子，就是仁愛、喜樂、和平、忍耐、恩慈、良善、信實、溫柔、節制。這樣的事，沒有律法禁止。」（加 5：22-23）

「不要彼此說謊；因你們已經脫去舊人和舊人的行為，穿上了新人。這新人在知識上漸漸更新，正如造他主的形像。」(西3：9-10)

「所以，你們該效法神，好像蒙慈愛的兒女一樣。也要憑愛心行事，正如基督愛我們，為我們捨了自己，當作馨香的供物和祭物，獻與神。」(弗5：1-2)

以下是我的例子：

我要撇棄的行為：說別人的壞話。

我為了摒棄以上行為而有的行動：不再批評我的朋友。

為了讓聖靈在我身上工作，以至自己能活出基督樣式而有的行動：凡事以愛心為出發點，好讓我在談論別人和對別人說話時，都能表現對別人的關心。

現在，請寫下你的答案：

我要撇棄的行為：________________________

我為了摒棄以上行為而有的行動：________________

為了讓聖靈在我身上工作，以至自己能活出基督樣式而有的行動：

____

今天靈修時，請細閱加拉太書2：11-21。在這段經文中，保羅講述了與基督同釘十字架的經歷。讀畢後，請完成下頁的「每日與主相交」。

神向我說甚麼：

____

____

____

____

我向神說甚麼：

____

____

____

____

請為你的家人和親友禱告，也請你緊記在禱告簿上記下禱告的內容，以及神給你的回應。

第3天 凡事謝恩

很多時，人都無法理解為甚麼自己會對一些無關痛癢的事，產生強烈反應。也許你能在第101頁中，正確地找出自己的感受，甚至能用自己的詞語來描述自己的感受，但你是否確實理解這些感受背後的真正原因？當你尋找這些原因時，你很可能會毫無頭緒，甚或會發現自己的反應其實是與事件無關的。

讓我在此向你舉例說明吧：某人因公司在頒獎禮上沒有給他獎項而忿怒，可是，他自己也不明白，為何自己竟會為這麼的一件小事情而大發雷霆。某人因朋友忘記了與他一起午膳而感到孤單和被遺棄，他雖然明白為何自己會有這種感受，但卻不能明白，為甚麼自己總是不能接受對方的道歉。若這也是你的情況，你便要與你的牧師或專業的輔導員面談了。當然，你也可以參加專門關顧信徒的小組，讓小組內的專業人仕幫助你來了解自己的情緒。

因為公司沒有頒獎給他而大發雷霆的人，很可能是在破碎家庭中長大，與父母不和，以至長大後，不懂得與上司好好相處。至於那個不能原諒朋友爽約的人，很可能因童年時曾被親人遺棄，雖然事情已經過去，但在潛意識中，對遺棄他的人仍痛恨非常。若人能明瞭自己鬧情緒背後的真正原因，便更能懂得如何控制自我的情緒。

感謝神助你控制情緒

無論你能否找出自己鬧情緒的原因，你也可運用「情緒管理六步曲」的第三步：**感謝神助你控制情緒**。請你特別留意它在「情緒管理六步曲」中的位置。

■ **你還記得「情緒管理六步曲」中的第一及第二步嗎？**

______________ 情緒。

______________ 的來源。

感謝神助你控制情緒。

找出聖經對情緒的回應。

順服聖靈的帶領。

培養聖靈的果子。

今天靈修時，請讀詩篇第42篇，然後完成下面的「每日與主相交」

神向我說甚麼：

____

____

____

我向神說甚麼：

____

____

____

■ **在詩篇42中，當大衛因犯罪而大大激動時，他有甚麼行動？**

大衛在面對兒子的死亡，又不堪自己靈性的光景時，他作出了可供我們借鑒的反應。他坦白承認自己陷入靈性的低潮中，堅持要查明自己大大激動的原因，最後，他感謝神，因他堅信神是他的幫助。

你不必在完全明白自己所面對的環境後，才相信神會插手其中，才感謝祂的幫助。

■ **帖撒羅尼迦前書5：18說：**「凡事謝恩；因為這是神在基督耶穌裡向你們所定的旨意。」**你會為甚麼事感謝神？**

羅馬書8：28說：「我們曉得萬事都互相效力，叫愛神的人得益處，就是按祂旨意被召的人。」**為甚麼一個有信心的人能凡事謝恩？**

使徒行傳16：25說：「約在半夜，保羅和西拉禱告，唱詩讚美神，眾囚犯也側耳而聽。」**保羅和西拉如何在他們處身的環境下，避免沮喪情緒的出現？**

你不單要在你能明白的事情上，或叫你快樂的事情上感恩，更要在凡事上謝恩。若你是個有信心的人，就能凡事謝恩，因為你相信神能使萬事互相效力，叫愛祂的人得益處。保羅和西拉避免沮喪的方法，就是藉著禱告和唱詩讚美神。當你相信神能在任何環境中作工，並感謝祂為你所作的一切，你便能開放你的心來迎接一切因信而來的好處。

■ **試寫出下列各種情緒反應能為你帶來的好處。**

害怕：＿＿＿＿＿＿＿＿＿＿＿＿＿＿

忿怒：＿＿＿＿＿＿＿＿＿＿＿＿＿＿

孤單：＿＿＿＿＿＿＿＿＿＿＿＿＿＿

喜樂：＿＿＿＿＿＿＿＿＿＿＿＿＿＿

嫉妒：＿＿＿＿＿＿＿＿＿＿＿＿＿＿

即使你不願提及害怕、忿怒、孤單或嫉妒等情緒，但卻不可否定這些情緒也能給你好處的事實。害怕除了能令你遠離不必要的危險外，也能讓你在危險的環境中加強警覺。忿怒能促使你把錯誤或不公平的事情糾正過來。孤單的人為了填補心靈中的空虛，便會學習倚靠神。嫉妒能使你知道，若要建立和諧的人際關係和達到某些目標，你便必須要付出更多的努力。喜樂能給你能力，讓你以仁慈的心待人，也能給你感謝的心，讓你因生命的成長而感謝神。

請繼續背誦本週金句——加拉太書 5：22-23，並大聲向你的朋友讀出來。也請你向你的朋友分享，聖靈如何幫助你結出最後一顆屬靈果子：節制。

木匠工作坊

你學習脱去舊人和穿上新人的進展如何？

■ **昨天，你已在説話一事上，列出了因要建立基督的樣式而要撇棄的言語。今天，請你舉出一個撇棄舊人言語的例子。**

____

____

藉著讀經和禱告來活在神的話語中，能讓你撇棄老我，並在思想和行為上學效基督的樣式。除讀經外，你也*可以透過聽道而得著亮光*。許多時候，牧師、講員、或查經班的導師，都會是神用來助你獲得亮光的工具。

請細閱下面的「如何聆聽神的話」，並回答有關問題。

如何聆聽神的話

1. 細閱馬太福音13：3-23，然後自我分析，看看自己是哪一類的聆聽者：

   a *冷淡的聆聽者*：雖然聽見了神的話，但既不明白，也不接受。（參19節）

   我是否以「聽而不聞」的態度來對待神的話？□是　□不是

   b *膚淺的聆聽者*：只是暫時接受了神的話，所以神的話不能在心裡扎根。（參20-21節）

   我是否只單單接受了神的話，但卻沒有把這些話應用出來？
   □是　□不是

c *被世事纏累的聆聽者*：雖然接受了神的話，但卻任由世上的思慮和慾望纏住他的心。（參22節）

在本星期，我有沒有把神的話行出來？我又有沒有把神的話放在生命中的首位，不讓它被其他東西纏住？□有　□沒有

d *果子纍纍的聆聽者*：接受並明白神的話，並且結出許多的果子來。（參23節）

神的話能使我結出果子來嗎？□能　□不能

2. 留心神的話：「要快快的聽。」（雅1：19）
3. 脫去一切的罪惡和驕傲，好讓神的話能在心裡扎根。（見雅1：21）
4. *留意聖經論及你的話，正如你留心鏡子裡的自己一樣。*（見雅1：23）

a.利用「聆聽神的話」表格（第265頁）做筆記，把聽道的日期、地點、講員、內容及題目等記下來。

b.把信息的要點記下來。

c.在每個要點下，寫上說明、例證與應用等項目。若講員沒有提及這些項目，便只須記下要點。

d.記下聖靈特別觸動你的句子。

e.把講員要求你作的事和要你活出的特質儘快總結出來，並寫下你對信息的回應。

以下問題，可助你作出總結：

- 神要透過這篇信息向我說甚麼？把神向你說話的重點記下來，這些重點可能是講員沒有說明的，而是神藉著他令你聯想到的話。

- 我的生活是否符合講員所說的標準？請你仔細參看神的話，因神的話就像一面鏡子，能讓你找出自己達不到標準的原因。若你達不到那些標準，請你具體列出原因。
- 我要作甚麼，才能令自己的生活合乎神話語的標準？你的行動必須是明確的、即時的、可量度的，並能在合理的時間內完成的。
- 有哪些真理是我需要繼續學習的？神可能藉著講道的內容來感動你，促使你就有關問題繼續查考聖經。

5. *把神的話實行出來，那麼，你便能在所行的事上蒙福。*（見雅1：25）請你在隨後的幾天內多作自我檢討，看看神的話是否已經進入你的生命中，以及你有沒有為主過結果子的生活。

請在第265頁的「聆聽神的話」表格中，記下主日崇拜中講道的要點。

你也可以把表格多影印幾份，以作日後之用。

第4天 聖經的回應

「情緒管理六步曲」的第四步就是「**找出聖經對情緒的回應**」。

■ **讓我們先來溫習過去所學的步驟。**

__________ 情緒。

__________ 來源。

__________ 神助你控制情緒。

找出聖經對情緒的回應。

順服聖靈的帶領。

培養聖靈的果子。

情緒雖然是一種自然的反應，但因情緒而來的行動卻並非如此。聖經告訴我們，我們要為自己的行為負責，這當然包括因情緒而引致的種種行為。因此，情緒、他人或環境都不能成為我們推卸責任的藉口。

當別人指出你的錯誤時，你可能會以為別人冤枉了你，又或認為自己做錯，是因為家庭背景使然。你也許會想：「我克制不了自己這樣作，因他對我的批評實在令我受不了。」然而，其他人真的能使你忿怒和作出不當的事嗎？*無論是甚麼人和事激動你，選擇如何回應的權力始終是在你的手中。*你可以選擇以不榮耀主的方法來回應，也可以選擇以榮耀主的方法來回應。總言之，別人犯罪並不代表我們也可以犯罪。

■ **請在下列個案中，找出主角們把責任歸咎他人的論點，並在這些論點之下畫一道橫線。**

卡若蘭總覺得公司內的同事敵視她和批評她，某天，她真的忍無可忍了，於是忿怒地說：「你們為甚麼看不見自己的錯失？你們也不是完美的！」

阿傑的父親不單是個酒徒，也是個經常開空頭支票的人。因此，阿傑自小便沒有可供學習的榜樣。長大後，阿傑嘗試管理家庭的開支，可是，他卻常常忘記還款。當他的太太問他為何常常忘記付帳時，他便瘋了似的說：「這都是我父親的錯！他從來沒有教我如何處理家中的開支！所以把我弄成這樣子！」

汪娜的父親經常打她，她的母親也從不愛惜她。汪娜長大後，既不原諒父母，也不與他們往來。她告訴牧師說：「他們從未愛過我，我恨透了他們。」

在上述個案中，每個人都把自己的過錯歸咎他人，雖然卡若蘭的同事、阿傑的父親和汪娜的父母都錯了，但卡若蘭、阿傑和汪娜仍有選擇是否讓錯誤繼續下去的權力，當然，他們也要為自己所作的事負責。

聖經其實早已為我們提供了管理情緒的原則，因此，你愈認識聖經，你就愈能應用這些原則來處理自己的情緒。

■ **請細閱下列經文：**

「只是我告訴你們這聽道的人，你們的仇敵，要愛他！恨你們的，要待他好！咒詛你們的，要為他祝福！凌辱你們的，要為他禱告！」(路 6：27-28)

「應當一無掛慮，只要凡事藉著禱告、祈求，和感謝，將你們所

要的告訴神。神所賜出人意外的平安，必在基督耶穌裡，保守你們的心懷意念。」（腓4：6-7）

「你們要靠主常常喜樂。我再說，你們要喜樂。」（腓4：4）

「所以你們要棄絕謊言，各人與鄰舍說實話，因為我們是互相為肢體。生氣卻不要犯罪；不可含怒到日落……一切苦毒、惱恨、忿怒、嚷鬧、毀謗，並一切的惡毒，都當從你們中間除掉；並要以恩慈相待，存憐憫的心，彼此饒恕，正如神在基督裡饒恕了你們一樣。」（弗4：25-26，31-32）

「所以，你們既除去一切的惡毒、詭詐，並假善、嫉妒，和一切毀謗的話，就要愛慕那純淨的靈奶，像才生的嬰孩愛慕奶一樣，叫你們因此漸長，以至得救。」（彼前2：1）

「愛是……不嫉妒。」（林前13：4）

■ **試根據上述經文，用自己的話寫出聖經對下列情緒的管理原則。**

恨（路6：27-28）＿＿＿＿＿＿＿＿＿＿

掛慮（腓4：6-7）＿＿＿＿＿＿＿＿＿＿

喜樂（腓4：4）＿＿＿＿＿＿＿＿＿＿

生氣（弗4：25-26，31-32）＿＿＿＿＿＿＿＿＿＿

嫉妒（彼前2：1；林前13：4）＿＿＿＿＿＿＿＿＿＿

你可能會回答道：就「恨」來說，聖經教導我們，要好好對待恨我們的人；就「掛慮」來說，聖經教導我們要一無掛慮，只要把一切的需用藉著禱告來交給神；就「喜樂」來說，聖經教導我們，要認識一切美善的源頭，這樣，我們便能常常喜樂；就「生氣」來說，聖經教導我們，要避免因生氣而犯罪，並要儘快息事寧人；就「嫉妒」來說，聖經教導我們要除去嫉妒，並以愛心對待別人。

■ **根據上述練習所讀的經文，你認為剛才個案中的三位主角，應該怎樣作，才能以榮耀神的方法來回應他們的處境。**

卡若蘭：________________________________

____

阿傑：__________________________________

____

汪娜：__________________________________

____

你可能會這樣寫：卡若蘭可與同事們單獨的或一起的坐下來，冷靜地聆聽大家在工作上的意見，而不應忿怒地指責同事們的不是。阿傑可以報讀一些財務管理的課程，又或聆聽有關財務管理的錄音帶。他也可與妻子一起，商討一個雙方都接受的理財方法，而不應只懂埋怨他的父親，讓不負責任的惡習循環下去。汪娜應該求聖靈給她寬恕的心，而不應對父母懷恨在心。她也可以向專業的基督徒輔導員或以信徒為對象的支援小組求助，學習忘記過去，以及與雙親重建關係的方法。

請大聲把本週金句 —— 加拉太書 5：22-23 —— 誦讀出來。試從經文中，選出九種屬靈果子中的一種，然後說明你會如何使用這果子來控制你的情緒。屬靈的果子不僅是一種情緒，更是控制情緒的一種工具。

____

____

____

基督的回應

當你思想基督期望你怎樣控制自己的情緒時，請緊記祂在十字架上為你所樹立的榜樣，因這是人自我超越的最終表現。請你想想，基督可以怎樣回應祂的遭遇？祂可以忿怒、畏縮、埋怨、指責，也可以吩咐天使來保護祂。可是，祂最後卻選擇了神的路 —— 一直堅持到底。當然，正如你在第二天所學的，祂也有過憂傷的時候，也曾在十架上表達過對母親的關懷，以及自己在肉身上的需要，然而，當祂完全降服在神的主權下，祂就勝過了人的軟弱，並完全控制了自己的情緒。縱使這表示祂必須在十字架上受苦和受死，祂也在所不惜。

請在今天靈修時，細閱約翰福音19：17-37。這段經文記載了耶穌是如何的死在十架上。讀畢後，請你靜候神對你的說話，並完成下頁的「每日與主相交」。

神向我說甚麼：

____

____

____

____

我向神說甚麼：

____

____

____

____

今天靈修時，請用五分鐘來握著組長在聚會時給你的釘子。你可以慢慢感受這口釘子是如何的又冷又硬，你也可以嗅嗅它，感受它的無情。然後，請你把釘子往自己的掌心壓下去，當你感到痛楚的時候，請一邊思想耶穌為你所受的傷害，一邊求聖靈讓你看到基督為你受苦的原因。最後，請在默想基督為你所受的苦痛時，大聲讀出加拉太書2：20：「我已經與基督同釘十字架，現在活著的不再是我，乃是基督在我裡面活著；並且我如今在肉身活著，是因信神的兒子而活；祂是愛我，為我捨己。」

木匠工作坊

基督若是你生命的主，你便會渴望活出祂的樣式，而且不會放過在言語上學效基督的機會。但你又是否明白聖靈幫助我們棄舊迎新的方法？

■ **試以言語為例，說明你在撇棄舊習慣後的新思想和新行為，以及你把舊思想和舊行為更新過來的方法。**

第5天 屬天的呼召

「情緒管理六步曲」的第五步，就是**順服聖靈的帶領**。

順服聖靈的帶領

■ **請你注意這步驟與「情緒管理六步曲」的關係，並把其餘的四步行動默寫出來。**

______________________________。

______________________________。

______________________________。

______________________________。

順服聖靈的帶領。

培養聖靈的果子。

自然人和屬世的人只會隨自己的情感、思想和意志而作事，相反，屬神的人卻會順從屬天的呼召，行聖靈向他們啟示的事。神給我們的工作，也許不是我們想作的事，但卻是一件正確的、明智的事。譬如說：基督徒知道要以愛心待人，縱然這是他們不願作的，但他們也得學習如何去愛，因他們明白，若要等到有愛人的感動時才去愛，那不過是逃避愛人如己的責任罷了。

■ **細閱以下的敘述，找出憑感覺行事，不顧別人利益的人；然後**

在描述他們的文字旁，寫上「錯」字。請你也找出願意以別人利益為先的人，並在描述他們的文字旁，寫上「對」字。

______ 當吉米看見一位老人一拐一拐地橫過馬路時，他便猛然踩下煞車掣，又不斷的按下喇叭。老人橫過馬路後，吉米便疾馳而過，好趕及在被下一個交通燈號截停前，能衝過路口。

______ 湯美不小心打翻了牛奶，母親便一把抓住他，狠狠的揍他，又厲聲的叫他以後要小心。

______ 一位婦人在鞋店裡試了許多鞋子後，才告訴售貨員，她是沒有錢買這些鞋的。之後，她問售貨員別家鞋店該怎麼走，售貨員便為她畫了路線圖，並感謝她的參觀。

相信你已知道，只有在最後一段敘述中的售貨員，才是願以別人的利益為先的人。也只有他，才能好好管理自己的情緒。

我們的情緒會影響我們的行為，而我們的行為又會反過來影響我們的情緒。因此，我們可通過改變我們的行為，來達致控制情緒的目的。我們可稱這種做法為「活出新感受」。同樣，耶穌也是憑藉行動，而不是感覺，來解決祂所遇到的情緒問題。請細閱下列經文，看看耶穌是如何解決情緒的困擾：「就把禮物留在壇前，先去同弟兄和好，然後來獻禮物。」(太5：24)；「你們不要論斷人，免得你們被論斷。因為你們怎樣論斷人，也必怎樣被論斷；你們用甚麼量器量給人，也必用甚麼量器量給你們。」(太7：1-2)

■ **哥林多前書13：4-7說：**「愛是恆久忍耐，又有恩慈；愛是不嫉妒；愛是不自誇，不張狂，不作害羞的事，不求自己的益處，不輕易發怒，不計算人的惡，不喜歡不義，只喜歡真理；凡事包容，凡事相信，凡事盼望，凡事忍耐。」

聖經要求我們去愛其他信徒，而愛就是（請選其一）：

□ 一種感覺
□ 一種行為

愛是要實行出來的，當你有愛的行動時，你便能顯出何為愛。而愛的本質，就是去愛不值得你愛的人，或許你認為自己仍不能如此行，但聖靈必會幫助你，讓你把愛活出來。

請細閱這段經文：「**不輕易發怒的，勝過勇士；治服己心的，強如取城。**」(箴16：32) 經文說，若一個人能控制自己，他就能比強者更強，比大能者更有能力。事實上，駕馭自己的情緒，令自己不輕易發怒，實在較攻取城池更為困難。

請在今天靈修時，細閱馬太福音26：57-68。這段經文記載了一次耶穌在逆境中自制的經歷。讀畢後，請完成下面的「每日與主相交」。

神向我說甚麼：

____

____

____

我向神說甚麼：

____

____

____

培養聖靈的果子

「情緒管理六步曲」的第六步，就是**培養聖靈的果子**。

■ **試把你曾學過的「情緒管理六步曲」寫下來。**

________________________________。

________________________________。

________________________________。

________________________________。

________________________________。

培養聖靈的果子。

聖靈的果子不單是表現情緒的結果，也是我們性格的特質。*當你透過聖靈來與基督建立親密的關係，又或在主裡有豐富的經歷時，你便能結出聖靈的果子。*

本週金句——加拉太書 5：22-23，把所有的屬靈果子記載了下來，請你大聲把它誦讀出來。然後選出最能助你控制情緒的果子。你可選擇一顆或以上。

□ 仁愛	□ 喜樂	□ 和平
□ 忍耐	□ 恩慈	□ 良善
□ 信實	□ 溫柔	□ 節制

■ 你準備如何結出你所選擇的屬靈果子？

____

____

■ 請現在停下來，求神幫助你擁有你所揀選的屬靈果子，又求神藉這些果子來建立你的屬靈生命，好讓這些果子能充分發揮它們的功用。

請背誦上週金句——腓立比書2：13及羅馬書12：1-2。

■ 請在下次聚會前，嘗試利用「情緒管理六步曲」來控制自己的情緒，並在下面寫下結果。也請你作好向組員分享的準備。

木匠工作坊

請檢討你在本週學習穿上新人的進度。聖靈有沒有幫助你，讓你能在語言上榮耀神，並在言談上活出基督的樣式？

■ 請寫下你在本週撇棄了的舊行為。

■ 請寫下基督在本週加給你的性格特質。

培養「門徒品格」

重溫「門徒品格」圖中的「屬靈基督徒」部分。下面便是「門徒品格」圖的基本結構，請依照第二天的方法，在下圖畫上「屬靈基督徒」的要素。然後給這圖標上「屬靈基督徒」的題目，並在題目下面寫上加2：20。若你需要輔助，可翻看門徒品格講解一文（第247-263頁）。相信在本課程結束時，你不單可以畫出一個完整的「門徒品格」圖，而且可以用你自己的話把它的含意解釋出來。

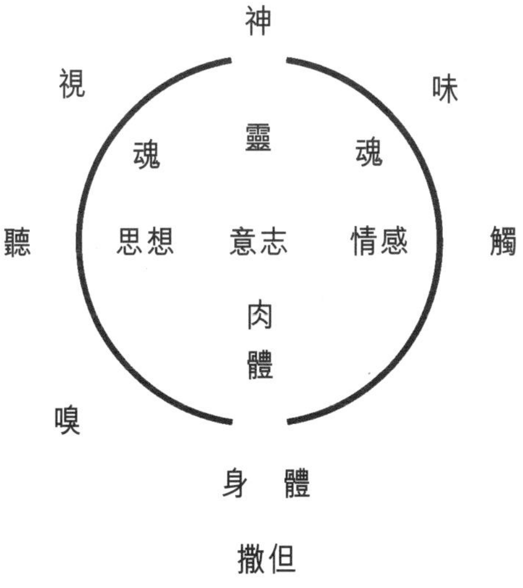

靠著聖靈，是否真的能控制自己的情緒？一個靠著聖靈來改變自己的感人故事，就曾在監獄裡發生。在德州的監獄中，住著一位名叫J.D.的囚犯，J.D.告訴「塑造主生命」小組組長丹尼斯，全憑「門徒品格」的原則，他才能不用以暴易暴的手法來對付惹怒他的人。

丹尼斯成為牧師前，也曾是一名囚犯，因此，他對囚犯有極大的負擔，並且是最早在監獄中教導「塑造主生命」課程的人。J.D.告訴丹尼斯說：「過往，我只會隨著自己的情緒來作事。所以，每當情緒成為我的主人時，我便會對惹怒我的人毫不留情，我會開槍射他、用刀刺他。怎樣方便我就怎樣作。為了得到別人的尊重，我必須要幹得夠狠、夠壞。可是，我後來才發現，別人並不會因我夠狠、夠壞而尊重我，他們只是怕我罷了。我現在已明白，*若要獲得別人的尊重，我就得以愛心、恩慈和關懷來對待別人。*」

當你渴望成為一位屬靈的基督徒，又想擁有基督的性情時，你便會有傳福音的衝動。你也希望別人知道，他們能藉著主來掌管他們的情緒。然而，如何才能有效率地向人述說你在基督裡的喜樂，以及聖靈幫助你管理情緒的確據呢？為了幫助你能向別人作見證，在以後的幾個星期，我們將會指導你寫見證的方法，好讓你可以向別人作出三分鐘的見證。

請細閱以下見證寫作的指引，並完成有關的活動。

如何寫見證

你知道「見證」的意思嗎？它的意思就是「提出證供的人」。

因基督住在你裡面，並改變了你的生命，所以你便是基督的見證人。你必須把你的見證說出來，換句話說，你必須告訴別人基督是誰，祂作過甚麼，以及祂對你是何等的重要。

以下的指引能助你寫出一篇簡單的得救見證。在以後的數星期，你將會繼續學習豐富和修正這個見證的技巧，好讓你的見證能在不同的場合中，都能大派用場。

使徒保羅不但深曉講述見證之道，也深明抓住每個機會，向每個願意聽他的人作見證的重要。請細閱他在羅馬書1：16的話：「我不以福音為恥；這福音本是神的大能，要救一切相信的，先是猶太人，後是希利尼人。」

雖然有些基督徒甚具作見證的技巧，也懂得修改見證，以應付不同場合的需要，但他們在學習如何作見證時，都得從最基本的得救見證開始。此外，不論這些基督徒如何豐富和修飾自己的見證，他們也都不能脫離最基本的作見證原則。

聖經至少有兩處地方記載保羅的見證，那就是使徒行傳22：1-15和26：9-20。在這兩處地方，保羅都以他得救的經歷來作為他見證的論據。此外，他也同樣在這兩處經文內，提到自己得救的四個歷程。你將會在下表中，看到這四個歷程，而它們的排列次序，也與保羅的經歷吻合。

■ **請翻閱使徒行傳22：1-15和26：9-20，然後運用下面的表格來分析保羅的見證，並找出組成他得救見證的四個經歷。請你先從使徒行傳第22章中，找出保羅得救的四個經歷，然後在適當的欄內，寫上與每個經歷有關的二至四節經文。完成後，請你再以同樣的方法，分析保羅在使徒行傳第26章中所作見證的內容。我相信你必定能為保羅的每個經歷，找出相關的經文。請你在填上經文時，務必跟隨表格中的次序。你可在本節的最後部分，找到本練習的答案。**

	使徒行傳22章	使徒行傳26章
1.逼迫信徒。		
2.神開始對付保羅的悖逆。		
3.保羅接受基督為主。		
4.保羅以基督的大使命為他新生命的焦點。		

當你發現原來很多人都未曾聽過類似保羅的見證時，你可能會很詫異。其實，每個人的得救故事都是不同的，因此，*你的得救見證必然是獨特的，是別人無法取代的*。因此，只有你自己才能為自己的得救作見證。

雖然你的見證是獨一無二的，但保羅見證的大綱仍是你見證的基礎。若你是在成年後才信主的，就更要如此作。此外，即使你見證的內容與保羅的不同，但當你向人說出你的見證時，你也得要分享保羅所分享的四個歷程。

■ **請寫下你將會向未信主的人分享的四個悔改歷程。**

1.信主前的生活和人生觀。

____

2.我如何知道神曾對我說話。

____

3.我成為基督徒的過程。

____

4.成為基督徒對我的意義。

你不必像預備講章般預備你的見證，因為*作見證不是講道，而是證據的提出*。因此，就算你的見證只得一分鐘，你也不愁沒有機會向人分享。在第四週，你將會學習寫見證的另一個技巧。

與保羅見證內四個歷程相關的經文如下：使徒行傳22：3-5，6-9，10-13，14-15。使徒行傳26：9-12，13-18，19，19-20。

本週有甚麼不同？

■ **重溫在本星期開始時的學習材料「本週與主同行」。若你已完成有關活動，請在該活動前的◇符號內畫一直線。若有未完成的活動，請你繼續完成它。最後，請你想一想如何在小組內，分享你對本週活動的體驗。**

在學習過本週「作情緒的主人」後，相信你已知道，聖靈能幫助我們控制情緒。因此，我希望你能更有信心，相信自己是個能在品格上榮耀神的人。然而，你不要奢望在一夜之間便能成為情緒的主人，因為把舊行為改變過來是需要時間的。因此，*你無須因偶爾行了以往所行的，或未能完全控制自己的情緒而氣餒*。當你被情緒控制時，你要做的，便是祈求神的赦免，並求神讓你看見聖靈的帶領，這樣，你便能揀選合神心意的道路。

第四週

將身體獻上

本週目標

學習把身體獻上，並順服基督的帶領，好在身子上榮耀神。

本週與主同行

你將會通過下列活動來進行作門徒的六項屬靈操練。每當你完成一項活動時，請在有關句子旁的◇符號內畫一直線。

與主同在

◇ 實行每天靈修，並定下一連二十一天的靈修目標。本週內哪一天有靈修的，請在當天的方格內加上「✓」號。

□主日　□週一　□週二　□週三　□週四
□週五　□週六

活在主的話語中

◇ 每天讀經。寫下神對你說的話和你對神說的話。

◇ 背誦哥林多前書 6：19-20。

◇ 溫習腓立比書 2：13，羅馬書 12：1-2，加拉太書 5：22-23。

◇ 在「聆聽神的話」表格內，記錄講章的重點。

信心禱告

◇ 祈求能與基督一起，天天過得勝的生活。

信徒相交

◇ 告訴一位基督徒朋友，你已在第三週時，開始學習寫見證了，並向他解釋你的大綱，以及你準備如何修飾它。

向世人作見證

◇ 根據「見證寫作指南」中的意見來修改你的見證。

彼此服侍

◇ 學習「門徒品格」圖中「得勝的生活」和「你是誰」兩部分。

本週金句

「豈不知你們的身子就是聖靈的殿麼？這聖靈是從神而來，住在你們裡頭的；並且你們不是自己的人，因為你們是重價買來的。所以，要在你們的身子上榮耀神。」（林前 6：19-20）

第1天 獻己於神

當我在印尼作宣教士時，有機會聽到菲律賓宣教士比爾．忒士迪（Bill Tisdale）的講道，他曾如此講述將身體獻上的真理：

「許多時候，我們雖然想把身體奉獻給神，但總會遇上困難。我們所以遇上困難，可能是因為未能清楚說明要奉獻身體的哪部分給神。我們可能想奉獻全副的精神給神，但我們卻籠統地禱告說：『主，我們要把自己獻給祢。』其實，我們可以把身體不同的部分逐一獻給神，而且方法非常簡單，你可以禱告說：『主，我願把我的雙眼獻給祢，求祢讓它們只看到祢要它們看的東西。又求祢幫助我，讓我能常常看到祢愛看的事物，不去看那些祢不愛看的事物。主，我願把我的雙手獻給祢，求祢透過我的手，來完成祢的工。從今以後，讓這雙手不再單為我所用，也要為祢所用。主，我要把我的雙腳奉獻給祢，求祢帶領它們走祢要它們走的路。主，我把整個身體也獻給祢，求祢悅納。』*你可以把身體每部分都獻給神，並求神使用它們。*」

那時，我在奉獻身體供主使用的事上，的確遇上了困難，他的講解為我解決了這些困難。從此以後，每當我受試探，想要接受身體某部分的主宰時，我便會立刻把那部分獻給神，讓神來主宰它，並藉它來榮耀祂自己。

神給我肚腹，目的是要我攝取食物的營養，而不是要我縱情吃喝。因此，祂必定有能力讓我在飲食的事上有所節制。雅各書

3：6如此說：「舌頭就是火，在我們百體中，舌頭是個罪惡的世界，能污穢全身，也能把生命的輪子點起來，並且是從地獄裡點著的。」舌頭就是火，但若我把舌頭獻給神，我便有能力不說一句神不喜悅的話。我也能勒住舌頭，令自己不會說錯話。同樣，若我把耳朵獻給神，我便只會聽那些榮耀祂的話。

有甚麼東西正在支配著你？是你的身體，還是你的感覺？

■ **當你對著鏡子時，所看到的東西會令你：**

□ 快樂　　□ 憂愁　　□ 瘋狂

今天，你將會思考身體與屬靈生活的關係。希望在本週課程完結時，你對上述問題會有不同的答案。當你完成本週的課程後，你便能夠：

- 列出身體的三種功能。
- 寫出身體在本性上的三個事實。
- 分辨肉體與身體的不同。
- 將基督道成肉身、釘死與復活的意義應用在你的身體上。
- 說明如何能用你的身子來榮耀神。

神對你身體的旨意

神用塵土造了亞當的身體（參創世記2：7），並希望這個身體能發揮以下的三種功能：

1. 肯定自己是個獨特的人 —— 藉著自己獨特的外表。
2. 參與在這個世界中 —— 藉著自己獨特的行為。
3. 與其他人溝通 —— 藉著與別人相交的獨特方法。

若沒有了身子，我們便不能與這個世界上的人和事接觸了。

■ **請例舉說明，你的身子如何透過下面的三種功能，讓你與這個世界接觸。**

1.肯定自己是個獨特的人：______________________________

2.參與在這個世界中：________________________________

3.與其他人溝通：____________________________________

你可能會如此回答：1. 沒有一個人是跟我長得完全一樣的，我的外表讓人能夠認出我就是我。2. 我能夠在這個世界上經歷一切可能發生的事，我也能夠作神的工作。3. 我可以透過說話和身體語言來傳揚福音。

你的身體也是完成神計劃的工具，因為你的身體可到處活動，所以你能到不同的地方去完成神的工作。此外，你的身體也能給你力量，讓你能接受神給你的工作。

■ **請讀創世記1：27-28：**「神就照著自己的形像造人，乃是照著祂的形像造男造女。神就賜福給他們，又對他們說：『要生養眾多，遍滿地面，治理這地，也要管理海裡的魚、空中的鳥，和地上各樣行動的活物。』」

根據經文，神要求人在這個世界上作三件工作，請你把它們列出來。

____

神期望人能生養眾多，治理全地、管理一切的生物。由這些工作可知，人在神創造的環境中，活得非常舒適。

■ **你如何能通過身體的三種功能，來完成神給人的三件工作？**

肯定——你的外表：________________________

____

參與——你的行為：________________________

____

溝通——你與人的關係：________________________

____

你的答案可能是：肯定——正因我的外表與別不同，因此總有人會被我的外表所吸引，希望與我結識。若我們彼此相愛，而神也帶領我們結合，我們就能組織一個家，並生兒育女。參與——我的身體不但讓我有治理其他受造物的力量，而且讓我有到處宣講天國福音的能力。溝通——透過與別人建立關係，我可以帶領他們，為他們作決定，以及與他們建立相交的生活。

請大聲誦讀本週金句——哥林多前書6：19-20。神希望你怎樣看待自己的身體？

____

神希望你能珍惜自己的身體，因為它是聖靈的殿。給聖靈提供一個舒適的居所，豈不是我們的責任嗎？

就人的天性來說，我們都是不愛受管教的人。但聖靈的管教與人的管教是截然不同的兩回事，因為聖靈能掌管我們不能掌管的東西。我自己便曾不斷的求告神，說：「主啊！我不能掌管它，求祢替我掌管它。」禱告以後，我那部分很可能會隨著肉體的私慾而放縱的生命，便會被交到神的手中，而神也會負上管教它的責任。

請現在停下來，求聖靈在你生命中作工，好讓你能與天父一起，天天過得勝的生活——向你的肉體及其他不順服的肢體誇勝。

木匠工作坊

管理身體的其中一個方法，就是改變我們品格。而改變品格的秘訣，就是住在基督裡，讓聖靈塑造它們。現在，請檢討你撇下舊人，穿上新人的進度，看看是否理想。

■ **請細閱下列經文。**

屬世的方法

「不要作糊塗人，要明白主的旨意如何。不要醉酒，酒能使人放蕩。」（弗 5：17-18 上）

「情慾的事都是顯而易見的，就如姦淫、污穢、邪蕩、拜偶像、邪術、仇恨、爭競、忌恨、惱怒、結黨、紛爭、異端、嫉妒、醉酒、荒宴等類。我從前告訴你們，現在又告訴你們，行這樣事的人，必不能承受神的國。」（加 5：19-21）

「所以，要治死你們在地上的肢體，就如淫亂、污穢、邪情、惡慾，和貪婪，貪婪就與拜偶像一樣。」（西 3：5）

屬靈的方法

「乃要被聖靈充滿。」(弗 5：18 下)

「我說，你們當順著聖靈而行，就不放縱肉體的情慾了。」(加 5：16)

「所以，你們若真與基督一同復活，就當求在上面的事；那裡有基督坐在神的右邊。你們要思念上面的事，不要思念地上的事。因為你們已經死了，你們的生命與基督一同藏在神裡面。」(西 3：1-3)

以上經文談及的，都是放縱肉體的問題。請在「屬世的方法」經文內，找出你要撇棄的舊行為；又在「屬靈的方法」經文內，找出你要學習的新行為。

以下是我的例子：

我要撇棄的行為：喝對身體有害的飲品，以麻醉痛苦和悲哀。
我為了摒棄以上行為而有的行動：尋求支援小組的幫助，戒除酒癮。
為了讓聖靈在我身上工作，以至自己能活出基督樣式而有的行動：學習面對痛苦，靠著基督的能力渡過難關。

現在，請寫下你的答案：

我要撇棄的行為：________________________________

我為了摒棄以上行為而有的行動：________________________

為了讓聖靈在我身上工作，以至自己能活出基督樣式而有的行動：

____

今天靈修時，請細閱一段講述舌頭力量的經文——雅各書 3：1-12。讀畢後，請完成下面的「每日與主相交」。

神向我說甚麼：

我向神說甚麼：

你得救見證的寫作進度如何？一份你背得稔熟的見證，一份來自小組組員真摯的鼓勵，都能叫你更勇敢地為主作見證。嘗試告訴一位基督徒朋友，你在第三週時，是如何開始寫得救見證的。你也可以告訴他，你在得救見證的大綱內寫了甚麼，以及準備如何對這些內容作出增潤。

第2天 憑己意而行

在第一天，你知道了神為人早已預備了一套計劃，而神也希望人能用自己的身體來完成這計劃。神要人完成的計劃就是「生養眾多，遍滿全地，治理這地」。可是，人類的始祖並沒有完成神的心意，他們不單不願與神一起管理這世界，而且任意妄為，偏行己路，結果便帶來了混亂的局面，人類美好的身體也因此而被罪惡所沾污。

■ **與「身體」同樣有「罪性」意思的詞語是甚麼？**

____

在聖經中，「肉體」這個詞可有兩個意思，分別是身體和罪性。

神的期望

神原是懷著美好的旨意來創造人的身體，但當人犯罪後，人的身體便受到罪的影響。雖然身體並非是甚麼邪惡的東西，但卻是軟弱的，並且容易受到肉體(罪性)的影響。*神期望我們能藉著身子來榮耀祂，也期望我們能拒絕肉體或罪的誘惑*，因為我們若不受肉體的控制，*我們的身體便能行榮耀神的事了。*

■ **請細閱下列有關運用身子來作美事的經文，然後把這些經文的說明文字和經節配對起來。**

「神看著一切所造的都甚好。有晚上，有早晨，是第六日。」(創 1：31)

「道成了肉身，住在我們中間，充充滿滿的有恩典有真理。我們也見過祂的榮光，正是父獨生子的榮光。」(約1：14)

「不但如此，就是我們這有聖靈初結果子的，也是自己心裡歎息，等候得著兒子的名分，乃是我們的身體得贖。」(羅8：23)

「又將萬有服在祂的腳下，使祂為教會作萬有之首。教會是祂的身體，是那充滿萬有者所充滿的。」(弗1：22-23)

______ 1. 創1：31	a 耶穌把教會比喻為祂的身體。
______ 2. 約1：14	b 人的身體原是美好的，也是神所喜悅的。
______ 3. 羅8：23	c 你的身體將會得贖。
______ 4. 弗1：22-23	d 耶穌道成肉身。

你的身體能作很多美好的事情，事實上，耶穌的道成肉身，已充分證明了神以身體為祂美好的創造。可是，我們卻不能永遠擁有這身體，因為當我們得贖的時候，身體便變化為榮耀的形體，那時，我們便能在天上，永遠與主一起。上面正確答案是：1.-b；2.-d；3.-c；4.-a。

■ **你已學習過身體在本性上的三個事實。請根據你對這三個事實的了解，寫出它們對你的意義。**

1.神原是懷著美好的旨意來創造人的身體。

____

2.當肉體控制我們的身體時，我們就不能榮耀神。

____

3.神造我們的身體，為要供祂使用。

____

你的答案也許與下列的相似：1. 因我的身體原是美好的，所以神期望我好好去照顧它。2. 由於我的身體很容易受到肉體的影響，又加上我是個罪人，所以我必須慎防今世風俗對我的影響。3. 神凡事都能作，甚至能用我這個軟弱的身體來完成祂的善工。

■ **請列出你的身子能與世界接觸的三種功能。**

1. ______________________________

2. ______________________________

3. ______________________________

若你寫不出這三種功能，請你翻閱昨天的教材。

木匠工作坊

你是否能夠順從聖靈的帶領，因此而撇下舊人和穿上新人？你是否滿意自己的學習進度？

■ **昨天，你已決意為了活出基督的樣式而撇棄某些行為，現在，請你舉例說明你是如何撇棄這些行為的。**

____

____

使身體免於世俗影響的其中一個方法，便是認識和肯定自己在基督裡的身分，並多與人分享你的信仰。因為當你愈多向人作見證，你的信心便愈發增加，世俗對你的影響便因此日漸減少。上星期，你已開始寫你的得救見證，而昨天，你更開始與你的朋友商討你見證的內容，以及潤飾這個見證的方法。今天，你將會學習寫作見證的其他技巧。

請細閱以下見證寫作的指引。

見證寫作指南

當你掌握作見證的技巧後，你便可以在不同的場合運用不同的演繹方式，務求讓你的見證能切合不同環境的需要。因此，你每次作見證時，很可能都得以不同的說話來表達相同的意思。由於每個場合都是與別不同的，所以你每次的見證也會是獨特的。

你在上週所學的四個歷程，應是你作見證時最常用的架構。但你也可因應不同的需要，而對某一個歷程詳加講述。當然，你也得看你對象的反應，嘗試多引用他感興趣的說明手法和例證。

上週，你已完成基本的得救見證，而本指南將會教導你改善和潤飾見證的技巧，特別是如何為你的見證搜集更多背景資料的技巧。因背景資料愈豐富，你的見證便愈能迎合不同場合的需要。

把你完成了的得救見證放在當眼處，然後把見證的題目寫在白紙上。請你一邊閱讀以下的資料，一邊在白紙上記下重點。你的目標是：

- 見證的每部分，都包括了必須交代的資料。

- 搜集更多的背景資料，好在需要時，能隨時修正或強調見證某部分的內容。

信主前的生活和價值觀

當你向別人講述你信主前的生活時，請不要把它渲染為一文不值。你要告訴人你壞的一面，但同時也要告訴人你好的一面，因為這樣，你的生活才會顯得真實，別人也才會相信你的話。

你也可向人分享你的生活趣事，因這能顯出你平凡的一面，別人也能因此感到你與他們是沒有分別的。作見證時，你需要向人交待：

- 成為信徒前，你住在哪裡；
- 成為信徒前，你作過甚麼；
- 成為信徒前，你有甚麼興趣和嗜好；
- 成為信徒前，你認為最重要的事是甚麼。

*你可以詳細剖析你的生活，讓人知道你必須有更大的意義和目的，或更大的能力，才得以克服個人的軟弱。*這些軟弱可以是你的脾氣、壞習慣、貪婪和自我中心。但請記著，你的目的不是向人承認你的過錯，而是要告訴別人你的故事。

我如何知道神正向我說話

告訴別人，當你還是個罪人時，神怎樣向你彰顯祂的愛。請你不要把過程描述得過分神化，免得別人難以認同你所說的話。你也要向人說明神是如何與你接觸的，以及神在何時、何地與你接觸。祂有沒有使用甚麼人來開導你？有沒有透過書籍、電影、經文或事件來告訴你，祂正在等著你的回應？

我如何成為基督徒

與人分享你是如何把自己的生命交給神。作見證時，不宜引用別人的話，相反，你要引用聖經的話來加強見證的說服力，你可以說：「這就是令我明白耶穌為我所作的一切的經文……」請你記緊說明，你是透過禱告來接納基督的。

你也許會不自覺地使用了一些「教會術語」，但請你儘量不要用得太多，因為你的聽眾很可能不明白它們的意思。此外，高壓手段、熱心有餘但智慧不足的見證只會嚇怕人，因此，你作見證時務要小心。

你也要用簡短的話來說明下列的四個事實：

- 罪是「由我作主」的生命的結果，這種生命只會令你不能或拒絕成為神要你成為的人。
- 罪的刑罰便是在今生和永生中與神隔絕。
- 基督死在十架上，親身擔當了我們的罪，使我們從此得與神和好。
- 認基督為主，就是承認自己是個罪人，承認自己需要祂的赦免，並邀請祂進入你的生命中，成為你生命之主。你要倚靠祂，讓祂為你作你自己不能作的事。

請檢查你的見證，看看你的見證是否包含了至少以上的一個事實。

作基督徒對我的意義

小心不可讓人誤以為信主後，甚麼問題就都可以解決了。你應向人講述基督徒的生活方式是如何的，因為你的生活方式與未信的人有很大的分別。其實，很多信徒視為理所當然的事，對未信的人來說，卻是饒有意義的。你可以向別人分享你在下列各項中的改變：

- 與家人的關係
- 理財的方法
- 人生目標
- 對死亡的看法
- 基督徒朋友在你生命中的地位
- 處理問題、挫折和失敗的方法

注意事項

1. 見證要簡短，否則，聽你的人便會感到不耐煩。
2. 告訴人在你身上所發生的事，因為別人要聽的是你的故事，所以，作見證時，你不要說「你」，要說「我」。
3. 不作無建設性的評論，切勿批評其他的宗教團體或教會。
4. 問問自己，若我是個不信的人，這對我有何意義？
5. 避免宗教字眼，如：悔改、接受主、邀請耶穌進入心中、上前決志、加入教會、得救和受浸等，這都是未信的人不會明白的字眼。

若你在孩童時已接受了主

若你是在基督徒家庭中長大，並在孩童時已接受了主，請你不要以為自己的經歷沒有甚麼可以分享的，因為單是神進入你心的過程，已足以叫未信的人神往。

今天靈修時，請細閱一段講述保羅和西拉對獄卒一家作見證的經文——使徒行傳16：25-34。讀畢後，請完成下面的「每日與主相交」。

神向我説甚麼：

____

____

____

____

我向神説甚麼：

____

____

____

____

第3天

誰是身體的主人？

一位贏得獎牌的運動員，利用他大部分的空餘時間來幫助殘障的兒童。一天，新聞中播映了他幫助殘障兒童的片段，但在數秒後，卻又播出了另一位傷害自己強健身體的運動員的片段。我看著後者這樣一位成功的運動員，因服用違禁藥物而被捕時，心裡有無限的感觸。

在善與惡的邊緣掙扎

你的身體具有無比的潛能，這些潛能能讓你行出積極和榮耀主的事，可是，在現實生活中，我們的身體卻仍是罪和死亡的奴僕。

■ **羅馬書7：18-23如此說**：「我也知道在我裡頭，就是我肉體之中，沒有良善。因為，立志為善由得我，只是行出來由不得我。故此，我所願意的善，我反不作；我所不願意的惡，我倒去作。若我去作所不願意作的，就不是我作的，乃是住在我裡頭的罪作的。我覺得有個律，就是我願意為善的時候，便有惡與我同在。因為按著我裡面的意思，我是喜歡神的律；但我覺得肢體中另有個律和我心中的律交戰，把我擄去，叫我附從那肢體中犯罪的律。」

你有沒有在準備作善事時，反倒作了惡事的經驗？若有的話，請描述出來。

____

你也許會有以下的答案：我明知苛責我的子女，只會傷害他們的心靈，但我還是這樣做了；我知道暴飲暴食對我的健康是有損的，但我還是繼續無節制的吃下去。

■ **相信從以上的作業中，你已發現，原來我們的感覺和慾望正是肉體用來操縱我們的工具。下列各項中，有哪些事情是曾經操縱著你的？請在適當的方格內加上「✓」號。**

□ 食物　　□ 性　　□ 工作

□ 金錢　　□ 運動　　□ 衣著

□ 宗教　　□ 人的稱讚　　□ 外表

□ 電視　　□ 教育　　□ 娛樂

□ 其他：________________

當你看到以上各項中，竟然有「宗教」一項時，你會否感到詫異？你是否一直認為參予宗教活動，便是榮耀神的行為？無可否認，參加教會聚會和投入團契的生活都是門徒生活的一部分，也是神的心意。可是，你有沒有想過，你積極過宗教生活的動機，可能是自私的？其實，不少人參加教會聚會，不過是為了獲得別人的認同罷了。若我們懷著這種心態，我們便會墮入肉體的圈套中，並忘記了神的呼召，是要我們順服祂和服侍祂。

■ **請細閱下列經文，然後寫下基督把你從肉體中釋放出來的三個行動。**

「律法既因肉體軟弱，有所不能行的，神就差遣自己的兒子，成為罪身的形狀，作了贖罪祭，在肉體中定了罪案。」（羅8：3）

「因為知道我們的舊人和祂同釘十字架，使罪身滅絕，叫我們不再作罪的奴僕；因為已死的人是脫離了罪。」（羅 6：6-7）

「然而，叫耶穌從死裡復活者的靈，若住在你們心裡，那叫基督耶穌從死裡復活的，也必藉著住在你們心裡的聖靈，使你們必死的身體又活過來。弟兄們，這樣看來，我們並不是欠肉體的債去順從肉體活著。你們若順從肉體活著，必要死；若靠著聖靈治死身體的惡行，必要活著。」（羅 8：11-13）

基督成為＿＿＿＿＿＿＿＿，在肉體中定了罪。（羅 8：3）

基督在＿＿＿＿＿＿＿＿，使你能從罪中得釋放。（羅6：6-7）

基督＿＿＿＿＿＿＿＿，並藉聖靈給你新生命，叫你能治死身體的惡行。（羅 8：11-13）

首先，耶穌成為罪身的形狀，來到這個地上。然後，祂透過在十字架上的死，把我們從罪的捆綁中釋放出來。最後，耶穌從死裡復活，令我們能藉聖靈得著新的生命。只要我們活在聖靈中，便能經歷基督把我們從肉體中釋放出來的三個過程。因為在聖靈裡的生活，就是讓主在我們生命中作工的生活。

請繼續背誦本週金句——哥林多前書 6：19-20。你可大聲把它讀出來，然後在下列各項中，選擇你要在身體上榮耀主的事情。

■ **我會：**

- □ 每天攝取足夠的營養，注意不去吸收多餘的熱量；
- □ 開始做運動；
- □ 增加每天的休息時間；

- □ 檢討自己的飲食習慣，若發現自己有因緊張和焦慮而進食的情況，便會把自己的飲食習慣糾正過來；
- □ 減少食用對身體無益，並影響我情緒的物質，如咖啡因等；
- □ 停止服用對身體有害的物質，如：尼古丁、酒精等。

木匠工作坊

■ 在上述的作業中，你已選擇了要在身子上榮耀主的事情。在這些事情中，有沒有與你昨天決定要撇棄的行為是相同的？今天，請你描述基督用甚麼東西來代替你撇棄了的舊行為。

____

____

在未來數星期，你可能會聽到有關拒絕邪情私慾，並以身體榮耀神的信息。你要特別留心這些信息給你的鼓勵。

請繼續使用在第265頁的「聆聽神的話」表格，並把講道的重點記下來。若講道的重點與你本週所學的內容相同，你就得特別的留心，並寫下較詳盡的筆記。

今天靈修時，請細閱士師記16：15-30。這段經文記述了一位用他的身體作好事，也作壞事的舊約人物。讀畢後，請完成下頁的「每日與主相交」。

神向我說甚麼：

我向神說甚麼：

問題討論

1.分享：　出一個能　他們感到快　的身體功能。　出一個能他們感到憂傷的身體功能

2.課文：身體有哪三種功能？(把137頁中所寫下答案分享出　)

3.討　：有甚麼東西正在抵擋著你？誰人正在幫助爲你呢？基督作　哪三件事，讓你的身體可以被　所用？

經文分析

〔聖殿的建造歷史〕

所羅門的聖殿~大衛有意爲神建造聖殿，但神不允許許，大衛只有爲聖殿預備材料(代上 17，28-29 章)，後由所羅門建造聖殿，歷時七年完成(主前 952 年)(代下 3-5 章)。

所羅巴伯的聖殿~猶太人被擄期間，聖殿被毀，但殿址仍是猶太人朝聖的地方(耶 41:4-5)。主前 538 年，波斯王古列允許被擄猶太人歸回故土，由以斯拉、所羅巴伯建造聖殿，需有仇敵威嚇而停工，得先知哈該鼓勵，而建造完成。第二聖殿屹立了 500 年。

希律的聖殿~主前 63 年，龐培奪取耶路撒冷後，便進入聖殿宣佈其治權，但沒有進行掠掠奪。主前 37 年，希律在羅馬的協助下，取得耶路撒冷的控制權後，便一直保護聖殿。主前 21 年，開始拆毀聖殿，準備建造自己的大聖殿，以安撫其猶太臣民。雖然主要聖所很快便完成(約 10 年時間)。但整個計劃至主後 64 年才完成，6 年後卻被羅馬人破壞。

聖殿在舊約中的神學意義是：「敬拜的中心」和「神在祂的子民中間的居所」。

在新約中，有兩個字是譯成「殿」字：

殿 the temple (ἱερόν, **hieron**)(太 12:5-6, 太 26:55)
指當時存在的聖殿，即整個建築物，包括四周的範圍。那是堂皇華麗的建築，在當時尚在建造中。

殿 the temple (ναὸν, **nahon**)(林前 3:16, 6:19-20, 太 26:61)
指聖殿內部的至聖所

林前 6:19-20~「身子是聖靈的殿」的意思，重點不在建造的人，乃在「居住的主人」和「被重價買來的人」。

- 聖靈是從神而來
- 聖靈住在人的裡頭
- 「你們不是自己的人」的意思是《呂振中譯本》你們又不是屬于自己的；《新譯本》你們不是屬於自己的，
- 你們是重價買來的
- 要在身子上榮耀神

中心思想的實踐就是：要在身子上榮耀神

****

羅 6:12-13

6:12　所以，不要容罪在你們必死的身上作王，使你們順從身子的私慾，

6:13　也不要將你們的肢體，獻給罪作不義的器具；倒要像從死裏復活的人，將自己獻給神，並將肢體作義的器具，獻給神。

6:13《新譯本》
也不要把你們的肢體獻給罪，作不義的用具；倒要像出死得生的人，把自己獻給　神，並且把你們的肢體獻給　神作義的用具。

這段聖經告訴我們要採取主動的行動：

對罪：________________________________

____

____

____

對神：________________________________

____

____

第四週 將身體獻上

本週目標

完成這課後，組員應能藉著下　各項，　表明他們在學習「跫主生命」課程後，屬　生命的長進：

- ◈與人分享他們在品格上　像基督的方法；
- ◈完成第四週的習作；
- ◈能向組員　明整個「門徒品格」圖的意思；
- ◈把在身子上榮耀　的教導應用出　；
- ◈爲自己及別人能過得勝的生活和日常需用禱告　。
- ◈幫助其他組員找出得救　證必須包含的要素。

本週與主同行

1. **與神**：每天靈修
2. **神的話**：重溫~腓 2:13，羅 12:1-2，加 5:22-23
   記錄~一篇講章的重點
   背誦~林前 6:19-20
3. **禱告**：與基督徒在一起，過信心的生活。
4. **相交**：與基督徒相交如何書寫得救見證。
5. **見證**：修改自己的得救見證
6. **服侍**：學習「門徒品格」圖中「得勝的生活」和「你뫼部份。

本週金句

林前 6:19-20

6:19
豈不知你們的身子，就是聖靈的殿嗎？這聖靈是從神而你們裏頭的；並且你們不是自己的人，

6:20
因爲你們是重價買來的。所以，要在你們的身子上榮

第4天 合乎主用

當你發現自己所做的事違背你的良知時，你會採取怎樣的補救行動？你的身體要受到基督怎樣的管束，才能合乎主用？試把基督拯救你的三個行動，應用到日常生活中，看看它們能否解決以上的問題？

■ **請列出你在第三天所學習的，基督把你從肉體中釋放出來的三個行動。**

基督成為罪身的形狀；祂在十字架上的死，把我們從罪中釋放出來；祂的復活，使我們藉聖靈得著新的生命。

請大聲誦讀本週金句——哥林多前書6：19-20。基督道成肉身，藉著聖靈住在人的心內，這真理對你的身體有甚麼意義？

你也許會這樣回答：聖靈住在我裡面，我是屬於神的，因此，我在肉身活著，應該以榮耀神為目的。

基督道成肉身——祂以人的樣式來到世間——並且被釘在十架上。基督是為我而死的。

■ **請細閱下列經文：**

「因為知道我們的舊人和祂同釘十字架，使罪身滅絕，叫我們不再作罪的奴僕。」(羅 6：6)

「因為你們已經死了，你們的生命與基督一同藏在神裡面。基督是我們的生命，祂顯現的時候，你們也要與祂一同顯現在榮耀裡。」(西 3：3-4)

「凡屬基督耶穌的人，是已經把肉體連肉體的邪情私慾同釘在十字架上了。我們若是靠聖靈得生，就當靠聖靈行事。」(加 5：24-25)

試根據上述經文，回答以下的問題：基督在十字架上為你代死，對你的身體有何意義？

1. 羅馬書6：6 ________________________________

____

2. 歌羅西書3：3-4 ________________________________

____

3. 加拉太書 5：24-25 ________________________________

____

你可能會這樣的回答：1. 因我的「老我」已經與基督同釘十字架，所以我不再是罪的奴僕了。相反，我現在是新造的人，亦能活出「新人」的樣式。2. 因我已經與基督同死，因此，我的肢體向罪是死的，它們再也不能作惡了。（或我看肉體的行為是死的。）3. 我的罪性，以及肉體的邪情私慾都已經在十架上死了，神也正在引導我的思想和行為，讓我走在聖靈的光中。

保羅說：「我們若是與基督同死，就信必與祂同活。」（羅6：8）基督的復活為我們帶來新生命。

義的器具

■ **請細閱以下經文：**

「我已經與基督同釘十字架，現在活著的不再是我，乃是基督在我裡面活著；並且我如今在肉身活著，是因信神的兒子而活；祂是愛我，為我捨己。」（加2：20）

「這樣，你們向罪也當看自己是死的；向神在基督耶穌裡，卻當看自己是活的。所以，不要容罪在你們必死的身上作王，使你們順從身子的私慾。也不要將你們的肢體獻給罪作不義的器具；倒要像從死裡復活的人，將自己獻給神，並將肢體作義的器具獻給神。罪必不能作你們的主，因你們不在律法之下，乃在恩典之下。」（羅6：11-14）

藉著重生和基督內住的生命，你已與基督一同活過來。你認為復活對你的身體有甚麼意義？

1. 加拉太書2：20 ________________________________

____

2. 羅馬書6：11-14 ________________________________

____

你也許會有以下的回答：1. 我的生命不再屬我，是屬基督的。因此，基督已成為我身體的管理者。2. 我如今是向神而活，所以我不會容許自己的肢體成為不義的器具；相反，我會把肢體當作義的器具獻給神，求祂管理它們。

基督再來，把整個救贖計劃完成之前，我們的身體仍然是不完全的，因此，我們必須靠基督的道成肉身、被釘和從死裡復活，才能過義的生活。雖然我們已能在神面前稱義，但我們仍有落入不義生活中的可能，因此，剛才的兩段經文，都勸我們要治死我們的肉體。

你認為基督希望你多久才背起一次十字架？ ____________

你若天天背起十字架，是否就能過得勝的生活？在過去數星期，你已通過「門徒品格」的講解，明白如何才能讓神掌管你的思想、意志、情感，以及靈、魂和身體。今天，你將會學習「門徒品格」圖的另一部分——「得勝的生活」。

培養「門徒品格」

請先參閱「門徒品格」講解中「得勝的生活」的部分（見第258-262頁）。

請在下列「門徒品格」圖中，畫上第三天所學的，屬靈基督徒的要素。然後，在「意志」之下寫上腓2：13；「靈」之上寫上弗5：18；「思想」之下寫上羅12：2；「情感」

第四週 將身體獻上

本週目標

完成這課後，組員應能藉著下　各項，　表明他們在學習「塑造主生命」課程後，屬　生命的長進：

- ◈與人分享他們在品格上　像基督的方法；
- ◈完成第四週的習作；
- ◈能向組員　明整個「門徒品格」圖的意思；
- ◈把在身子上榮耀　的教導應用出　；
- ◈爲自己及別人能過得勝的生活和日常需用禱告　。
- ◈幫助其他組員找出得救　證必須包含的要素。

本週與主同行

1. **與神**：每天靈修
2. **神的話**：重溫~腓 2:13，羅 12:1-2，加 5:22-23
   記錄~一篇講章的重點
   背誦~林前 6:19-20
3. **禱告**：與基督徒在一起，過信心的生活。
4. **相交**：與基督徒相交如何書寫得救見證。
5. **見證**：修改自己的得救見證
6. **服侍**：學習「門徒品格」圖中「得勝的生活」和「你是誰」兩部份。

本週金句

林前 6:19-20

6:19
豈不知你們的身子，就是聖靈的殿嗎？這聖靈是從神而來，住在你們裏頭的；並且你們不是自己的人，

6:20
因爲你們是重價買來的。所以，要在你們的身子上榮耀神。

問題討論

1. 分享： 出一個能 他們感到快 的身體功能。 出一個能 他們感到憂傷的身體功能

2. 課文：身體有哪三種功能？(把137頁中所寫下答案分享出)

3. 討 ：有甚麼東西正在抵擋著你？誰人正在幫助爲你呢？基督作 哪三件事，讓你的身體可以被 所用？

經文分析

〔聖殿的建造歷史〕

所羅門的聖殿~大衛有意爲神建造聖殿，但神不允許許，大衛只有爲聖殿預備材料(代上 17，28-29 章)，後由所羅門建造聖殿，歷時七年完成(主前 952 年)(代下 3-5 章)。

所羅巴伯的聖殿~猶太人被擄期間，聖殿被毀，但殿址仍是猶太人朝聖的地方(耶 41:4-5)。主前 538 年，波斯王古列允許被擄猶太人歸回故土，由以斯拉、所羅巴伯建造聖殿，需有仇敵威嚇而停工，得先知哈該鼓勵，而建造完成。第二聖殿屹立了 500 年。

希律的聖殿~主前 63 年，龐培奪取耶路撒冷後，便進入聖殿宣佈其治權，但沒有進行掠掠奪。主前 37 年，希律在羅馬的協助下，取得耶路撒冷的控制權後，便一直保護聖殿。主前 21 年，開始拆毀聖殿，準備建造自己的大聖殿，以安撫其猶太臣民。雖然主要聖所很快便完成(約 10 年時間)。但整個計劃至主後 64 年才完成，6 年後卻被羅馬人破壞。

聖殿在舊約中的神學意義是：「敬拜的中心」和「神在祂的子民中間的居所」。

在新約中，有兩個字是譯成「殿」字：

殿 the temple (ἱερόν, **hieron**)(太 12:5-6, 太 26:55)
指當時存在的聖殿，即整個建築物，包括四周的範圍。那是堂皇華麗的建築，在當時尚在建造中。

殿 the temple (ναὸν, **nahon**)(林前 3:16, 6:19-20, 太 26:61)
指聖殿內部的至聖所

林前 6:19-20~「身子是聖靈的殿」的意思，重點不在建造的人，乃在「居住的主人」和「被重價買來的人」。

- ◈聖靈是從神而來
- ◈聖靈住在人的裡頭
- ◈「你們不是自己的人」的意思是《呂振中譯本》你們又不是屬于自己的；《新譯本》你們不是屬於自己的，
- ◈你們是重價買來的
- ◈要在身子上榮耀神

中心思想的實踐就是：要在身子上榮耀神

****

羅 6:12-13

6:12　所以，不要容罪在你們必死的身上作王，使你們順從身子的私慾，

6:13　也不要將你們的肢體，獻給罪作不義的器具；倒要像從死裏復活的人，將自己獻給神，並將肢體作義的器具，獻給神。

6:13《新譯本》

也不要把你們的肢體獻給罪，作不義的用具；倒要像出死得生的人，把自己獻給　神，並且把你們的肢體獻給　神作義的用具。

這段聖經告訴我們要採取主動的行動：

對罪：____

____

____

____

對神：____

____

____

第4天

合乎主用

當你發現自己所做的事違背你的良知時，你會採取怎樣的補救行動？你的身體要受到基督怎樣的管束，才能合乎主用？試把基督拯救你的三個行動，應用到日常生活中，看看它們能否解決以上的問題？

■ **請列出你在第三天所學習的，基督把你從肉體中釋放出來的三個行動。**

____

____

____

基督成為罪身的形狀；祂在十字架上的死，把我們從罪中釋放出來；祂的復活，使我們藉聖靈得著新的生命。

請大聲誦讀本週金句——哥林多前書6：19-20。基督道成肉身，藉著聖靈住在人的心內，這真理對你的身體有甚麼意義？

____

____

____

你也許會這樣回答：聖靈住在我裡面，我是屬於神的，因此，我在肉身活著，應該以榮耀神為目的。

基督道成肉身——祂以人的樣式來到世間——並且被釘在十架上。基督是為我而死的。

■ **請細閱下列經文：**

「因為知道我們的舊人和祂同釘十字架，使罪身滅絕，叫我們不再作罪的奴僕。」(羅 6：6)

「因為你們已經死了，你們的生命與基督一同藏在神裡面。基督是我們的生命，祂顯現的時候，你們也要與祂一同顯現在榮耀裡。」(西 3：3-4)

「凡屬基督耶穌的人，是已經把肉體連肉體的邪情私慾同釘在十字架上了。我們若是靠聖靈得生，就當靠聖靈行事。」(加 5：24-25)

試根據上述經文，回答以下的問題：基督在十字架上為你代死，對你的身體有何意義？

1. 羅馬書6：6 ______________________________

____

2. 歌羅西書3：3-4 ______________________________

____

3. 加拉太書 5：24-25 ______________________________

____

你可能會這樣的回答：1. 因我的「老我」已經與基督同釘十字架，所以我不再是罪的奴僕了。相反，我現在是新造的人，亦能活出「新人」的樣式。2. 因我已經與基督同死，因此，我的肢體向罪是死的，它們再也不能作惡了。（或我看肉體的行為是死的。）3. 我的罪性，以及肉體的邪情私慾都已經在十架上死了，神也正在引導我的思想和行為，讓我走在聖靈的光中。

保羅說：「我們若是與基督同死，就信必與祂同活。」(羅6：8）基督的復活為我們帶來新生命。

義的器具

■ **請細閱以下經文：**

「我已經與基督同釘十字架，現在活著的不再是我，乃是基督在我裡面活著；並且我如今在肉身活著，是因信神的兒子而活；祂是愛我，為我捨己。」（加2：20）

「這樣，你們向罪也當看自己是死的；向神在基督耶穌裡，卻當看自己是活的。所以，不要容罪在你們必死的身上作王，使你們順從身子的私慾。也不要將你們的肢體獻給罪作不義的器具；倒要像從死裡復活的人，將自己獻給神，並將肢體作義的器具獻給神。罪必不能作你們的主，因你們不在律法之下，乃在恩典之下。」（羅6：11-14）

藉著重生和基督內住的生命，你已與基督一同活過來。你認為復活對你的身體有甚麼意義？

1. 加拉太書2：20 ____________________

____

2. 羅馬書6：11-14 ________________________________

____

你也許會有以下的回答：1. 我的生命不再屬我，是屬基督的。因此，基督已成為我身體的管理者。2. 我如今是向神而活，所以我不會容許自己的肢體成為不義的器具；相反，我會把肢體當作義的器具獻給神，求祂管理它們。

基督再來，把整個救贖計劃完成之前，我們的身體仍然是不完全的，因此，我們必須靠基督的道成肉身、被釘和從死裡復活，才能過義的生活。雖然我們已能在神面前稱義，但我們仍有落入不義生活中的可能，因此，剛才的兩段經文，都勸我們要治死我們的肉體。

你認為基督希望你多久才背起一次十字架？ ______________

你若天天背起十字架，是否就能過得勝的生活？在過去數星期，你已通過「門徒品格」的講解，明白如何才能讓神掌管你的思想、意志、情感，以及靈、魂和身體。今天，你將會學習「門徒品格」圖的另一部分——「得勝的生活」。

培養「門徒品格」

請先參閱「門徒品格」講解中「得勝的生活」的部分（見第258-262頁）。

請在下列「門徒品格」圖中，畫上第三天所學的，屬靈基督徒的要素。然後，在「意志」之下寫上腓2：13；「靈」之上寫上弗5：18；「思想」之下寫上羅12：2；「情感」

之下寫上加5：22-23；「肉體」之下寫上羅6：12-13。再在圓圈外的左下方寫上林前6：19-20，另一方則寫上羅12：1。以上眾多的經文中，除了兩句外，其餘的都是你曾背誦過的。而這兩句經文，也將會是你在第五及第六週所要背誦的金句。若你需要協助，你可翻看「門徒品格」講解的內容（第247-263頁）。相信在本課程結束時，你不單可以畫出一個完整的「門徒品格」圖，還能用你自己的話把它的含意解釋出來。

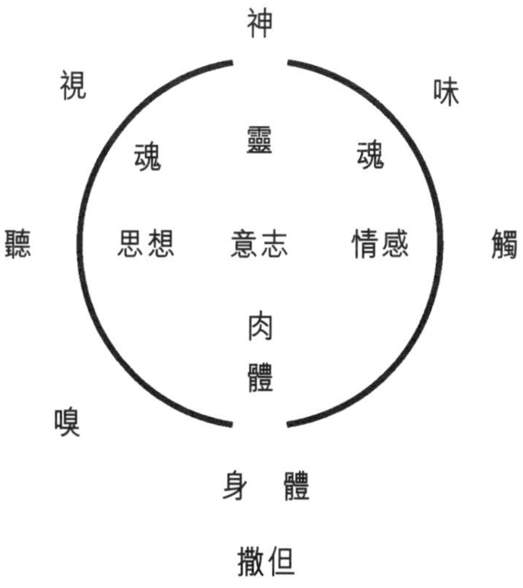

請在今天靈修時，細閱一段講述耶穌復活的經文——約翰福音 20：1-18，看看神有否藉這段經文向你說話？讀畢後，請完成下面的「每日與主相交」。

神向我說甚麼：

____

____

____

____

我向神說甚麼：

____

____

____

____

第5天 活祭

羅馬書12：1叫我們把身體當作活祭獻上，這句話的意思究竟是甚麼？在主基督降世之前，人們都把牲畜作為祭物獻給神。但基督降世後，這個慣例便被打破了，因祂死在十字架上，親自成為我們永遠的祭。因此，神要求我們不要把自己當作已死的祭物，相反，祂要我們把自己獻上，當作活祭來服侍祂。在事奉的祭壇上，*神要的不是物質，而是我們的生命；不是有保留的奉獻，而是我們完完全全的奉獻。*

■ 若你把自己當作活祭獻給神，這代表你會為神作甚麼？

____

____

你也許會回答說：若我把身體當作活祭獻給神，這表示我不再是名義上的基督徒，也不會再過只說而不做的信仰生活。我不但要奉獻所有的給神，更要全心過聖潔、公義的生活。

全心事主

在第一天，我曾向你提及有關宣教士比爾．忒士迪的事。他經常禱告，要把身體的每部分奉獻給主使用。你是否也能作他同樣的禱告？

■ 當你為著要榮耀神，而把身體獻上時，你會怎樣使用你的肢體？

雙手：______________________________

雙眼：______________________________

雙腳：______________________________

肚腹：______________________________

雙耳：______________________________

舌頭：______________________________

請你在最需要幫助，才得順服的肢體旁，加上「★」號。

■ **請現在停下來，求神幫助你除去攔阻自己肢體順服的障礙，好讓你能好好的事奉主。又求聖靈與你同在，在你的身體被引誘去作不合神心意的事時，保守你不受誘惑。**

在第一天，你知道了神期望你的身體能發揮三種功能：

1. 肯定自己是個獨特的人。
2. 參與在這個世界中。
3. 與其他人溝通。

■ **若你要把身體獻給神，你會如何發揮以上三種功能？請寫下你會採用的其中一種方法。**

肯定自己是個獨特的人：______________________

____

參與在這個世界中：______________________

____

與其他人溝通：________________________________

____

■ **試根據身體與屬靈生活的關係，回答以下問題：當你為著要榮耀神而把身體當作活祭獻上時，你認為你的身體會給你甚麼感覺？**

□ 快樂　　□ 憂愁　　□ 瘋狂

獻上身體是最能令人釋放、欣慰和喜樂的事。當然，你也可以選擇不把身體獻上。你還記得「門徒品格」圖的內容嗎？根據「門徒品格」圖，「意志」正位於「靈」與「肉體」之間，所以，「意志」便是決定你選擇走屬靈之路，還是屬肉體之路的關鍵。若你選擇把肉體之門關上，你就不會踏上肉體的道路。若你願意把身體獻上，當作活祭，你就能把肉體之門關上。肉體之門關上後，聖靈便能幫助你，把你的惡習改變過來。這時，你不單能把肢體獻上，甚至能把你的全人獻上，讓神得著當得的榮耀。

■ **你是否願意將身體獻上，當作活祭，榮耀神？** □是　□否

若你願意的話，請你現在便禱告，告訴神你的心意。

培養「門徒品格」

請細閱「門徒品格」講解中「你是誰」的部分（第262-263頁）。

■ **請回答以下問題。**

- 你是不是一個沒有靈性的「自然人」？你是否被身體的感覺和慾望所控制？

  □ 是　　　□ 否

- 你是不是一個邀請基督進入生命後，卻仍然任由肉體掌權自己生命的世俗基督徒？你的「老我」是否仍然掌管著你？

  □ 是　　　□ 否

- 你是不是一個與基督同死，並接受聖靈管治的屬靈基督徒？

  □ 是　　　□ 否

■ **請細閱以下經文：**「願賜平安的神親自使你們全然成聖！又願你們的靈與魂與身子得蒙保守，在我主耶穌基督降臨的時候，完全無可指摘！那召你們的本是信實的，祂必成就這事。」(帖前 5：23-24)

根據以上經文，神會給你怎樣的幫助，讓你過一個無可指摘的生活？

□ 過聖潔的生活太難了，由得我吧！我真的是個不適合過這種生活的人啊！

□ 那召我的耶穌基督必然會給我能力，讓我的靈與魂與身子都得蒙保守，能過聖潔的生活。

上述的經文告訴你，那召你事奉祂的神是信實的，祂必然幫助你走上正確的道路。不但如此，祂也早就差遣聖靈來幫助你，讓你能克服每一天的困難。

下列是「屬靈基督徒」的圖解，請根據昨天所學，在圖中的橫線上，填上有關的經節。這些經節所代表的經文，有不少是你背誦過的，所以，我請你一邊寫下經節，一邊把經文大聲地背出來。若你需要協助，可參閱第247-263頁的「門徒品格」講解。相信在本課程結束時，你不單可以畫出一個完整的「門徒品格」圖，還能用你自己的話把它的含意解釋出來。

屬靈基督徒

加2：20

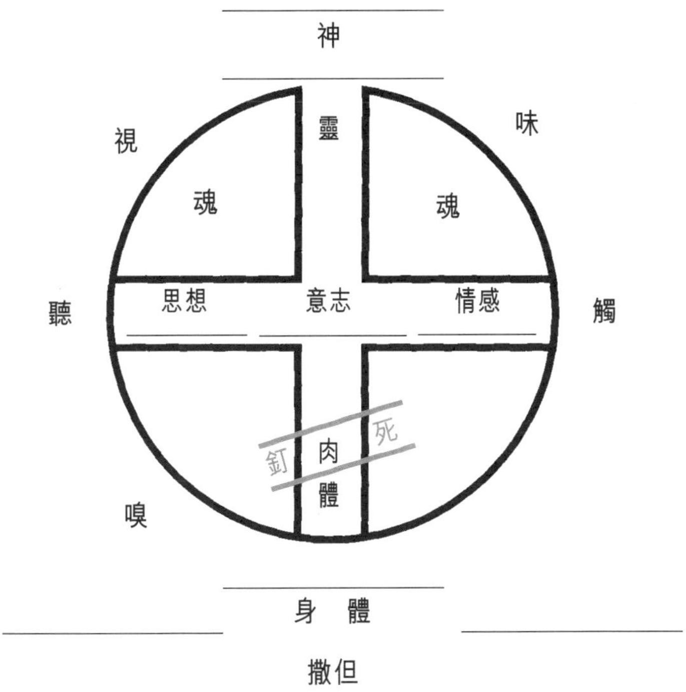

「門徒品格」講解是一個不可多得的傳福音工具，無數人曾經使用它來領人歸主。在美國佛羅里達州事奉的卡達牧師，就有這樣的一個見證：卡達牧師認識一對夫婦，妻子是個基督徒，丈夫是未信主的。卡達牧師曾多次探望他們，但作丈夫的對傳統的傳福音方法非常厭倦，以至不願聽到別人向他傳福音。後來，卡達牧師決定使用「門徒品格」圖，來向他的生命作出挑戰。當卡達牧師畫出「自然人」和「屬靈基督徒」的品格圖後，就問他：「哪一個圖最能代表你？」他指著「自然人」的圖。然後，卡達牧師又問：「你希望你是哪一個圖所代表的人？」那時，他竟指向「屬靈基督徒」的圖，並且說：「*我一直都希望成為一個基督徒。*」於是，卡達牧師立刻為他禱告，並帶領他接受耶穌為救主。

禱告後，他的妻子說：「你的兩個圖都不能代表我。」卡達牧師立即回答說：「我想我有另一個可以代表你的圖。」他便畫出「世俗基督徒」的品格圖，她登時說：「這就是我了。」卡達牧師也隨即帶領她重新把生命奉獻給主。

學習「門徒品格」圖後，你不單能領人歸主，還可以幫助其他人：

- 處理他們的情緒；
- 拒絕撒但；
- 把心意更新；
- 能滿有信心的向「撒但」說不。

木匠工作坊

■ **重溫本週內容，並檢討自己在撇棄舊人和穿上新人的進度，看看自己是否已經全力以赴。此外，聖靈如何幫助你活出基督的樣式？你在第140頁作出的承諾，能否實現？請你回答以下的問題，看看自己是否已被聖靈改變了。**

本週我所撇棄的行為：＿＿＿＿＿＿＿＿＿＿＿＿＿＿

本週基督為我加上的性格特質：＿＿＿＿＿＿＿＿＿＿＿

■ **請停下來禱告，為以上你所寫下的事感謝神，又求祂繼續給你接受改變的勇氣。**

請在今天靈修時，細閱腓立比書 1：19-26，保羅在這段經文中，說明了他生命中最重要的事，就是要在身子上高舉基督。讀畢後，請完成下面的「每日與主相交」。

神向我說甚麼：

＿＿＿＿＿＿＿＿＿＿＿＿＿＿＿＿＿＿＿＿＿＿＿＿

＿＿＿＿＿＿＿＿＿＿＿＿＿＿＿＿＿＿＿＿＿＿＿＿

＿＿＿＿＿＿＿＿＿＿＿＿＿＿＿＿＿＿＿＿＿＿＿＿

＿＿＿＿＿＿＿＿＿＿＿＿＿＿＿＿＿＿＿＿＿＿＿＿

我向神說甚麼：

＿＿＿＿＿＿＿＿＿＿＿＿＿＿＿＿＿＿＿＿＿＿＿＿

＿＿＿＿＿＿＿＿＿＿＿＿＿＿＿＿＿＿＿＿＿＿＿＿

＿＿＿＿＿＿＿＿＿＿＿＿＿＿＿＿＿＿＿＿＿＿＿＿

＿＿＿＿＿＿＿＿＿＿＿＿＿＿＿＿＿＿＿＿＿＿＿＿

本週有甚麼不同？

■ **重溫在本星期開始時的學習材料「本週與主同行」。若你已完成有關活動，請在該活動前的◇符號內畫一直線。若有未完成的活動，請你繼續完成它。最後，請你想一想如何在小組內，分享你對本週活動的體驗。**

在學習「將身體獻上」後，我希望你能獲得新的亮光，對自己為甚麼會作自己所不願作的事，有進一步的理解。我也希望你能把身體的每部分都獻給主，讓主使用。此外，當你受試探，要作不榮耀神的事時，請你不要忘記，聖靈是你隨時的幫助，祂能保守你勝過一切的誘惑。

第五週

被聖靈充滿

本週目標

渴望被聖靈充滿。

本週與主同行

你將會通過下列的活動來進行作門徒的六項屬靈操練。每當你完成一項活動時，請在有關句子旁的◇符號內畫一直線。

與主同在

◇ 實行每天靈修，並定下一連二十一天的靈修目標。請在下面寫下你每天用來靈修的時間。

主日：____ 週一：____ 週二：____ 週三：____
週四：____ 週五：____ 週六：____

活在主的話語中

◇ 每天讀經。寫下神對你說的話和你對神說的話。

◇ 背誦以弗所書 5：18。

◇ 溫習腓立比書 2：13，羅馬書 12：1-2，加拉太書 5：22-23 及哥林多前書 6：19-20。

◇ 在「聆聽神的話」表格內，記下講章或研經重點，並把這些重點應用在你今週的生活中。

信心禱告

◇ 為你所能影響的人禱告。

信徒相交

◇ 與不同教會的信徒分享神在你身上的作為，包括你在信仰上的掙扎與得勝。

向世人作見證

◇ 利用「如何寫見證」給你的意見來寫你的見證，並準備在下次聚會時與組員分享你的見證。

彼此服侍

◇ 運用雅各書4：18，說明在日常生活中，應用「門徒品格」圖的方法。

本週金句

「不要醉酒，酒能使人放蕩；乃要被聖靈充滿。」（弗 5：18）

第1天

生命的改變

我讀大學一年級的時候，聖靈已在我裡面動工，讓我有一顆渴望為主作見證的心。在以後的幾個月裡，聖靈一方面與我同在，幫助我克服害羞的性格；另一方面，又每週多次的催促我到街上或酒吧中作見證，可惜我都不能成功地領人歸主。那時，我曾努力背聖經、讀教人傳福音的書籍、懇切禱告，但我總覺得好像還缺少了甚麼似的。

一天，我收到一本小冊子，它記載了慕迪（D.L. Moody）、叨雷（R. A. Torrey）、山迪（Billy Sunday）和葛培理（Billy Graham）等人被聖靈充滿後，在事奉上的改變。看過這本書後，我立時火熱起來，渴望自己能為神所用，只是那時候，沒有人告訴我當怎樣行。後來，一位朋友借給我叨雷的《聖靈：祂的身分和工作》（*The Holy Spirit: Who He Is and What He Does*），通過這本書，我才知道*聖靈是要澆灌我的那位，祂要取代我，作為我的力量、影響力和價值觀的管理者*。這時，我感到住在我裡面的聖靈要充滿我，好讓我能事奉神。次日傍晚，我讀完了這本書，並按照書中的指示，祈求聖靈的充滿。在禱告中，我承認所有自己曾犯過的罪，並把自己完全的獻給神。我也憑著信心，祈求聖靈的充滿。當我認罪時，我深深的感到聖靈對我的大愛，也感到聖靈因我過去一直忽視祂而有的憂傷。就是這樣，我把自己的身體、思想、意志、情感和靈魂全都獻給神，並求神使用我。藉著信，我接受了聖靈的澆灌，雖然在外表上，我並沒有任何特別被聖靈充滿的徵狀，但我對神說：「無論將來發生甚麼事，我都願意憑著建基在你話語上的信心，甘願接受我已被聖靈充滿的事實。」在這樣的禱告後，我立即感到聖靈的愛。在以後的日子中，隨著我與神的關係一年比一年的加深，聖靈對我的愛也一年比一年的深厚。

第二天上學時，我清楚感到聖靈的同在，甚至想走在行人道的一旁，讓聖靈可以與我並肩同行。那天晚上，當我向街上的一個男孩作見證，他就欣然的接受主。兩天後的晚上，我也帶領了兩位少年人相信主；接著來的晚上，也有一個人因我的見證而接受了主。以後的晚上，同樣有人因我而信主。

後來，我對朋友說：「每晚我作見證時，都有人願意接受基督，真不明白為何這些事會不斷的發生。」就在當天晚上，我一個人也得不著。我馬上醒覺自己的錯誤，因我以為能靠著自己的能力來領人歸主。當我願意認罪、順服主、憑信心禱告時，神的靈又再一次的充滿我。於是，又有人因我的見證而信主了。

那次經歷以後的數年，聖靈都一直教導我，若要在每一項的事奉上取得果效，我就必須在事奉之先，讓聖靈充滿。若我有千萬次的犯罪，我就得求聖靈千萬次的充滿，而神也會應允我每次的懇求。聖靈的充滿能給不同的人不同的能力和恩賜，但無論那人的能力和恩賜如何，在聖靈的充滿下，他都能在事奉上榮耀神，並吸引別人到神的面前。

■ **在剛才的憶述中，我生命中有怎樣的轉捩點，以至神能在我身上作成祂的工？**

當我承認自己的罪，順服神的帶領後，我便憑著信心祈求聖靈的充滿，這就是我生命的轉捩點。在作出這樣禱告之前，我根本就不曾讓祂完完全全的在我身上作工。

每個從聖靈重生的人，都有聖靈住在他裡面，羅馬書8：16說：「聖靈與我們的心同證我們是神的兒女。」可惜的是，不是每個信徒都有聖靈的充滿，所以，不是每個信徒都能作好事奉神的準備。（參羅馬書8：9）

■ **請再看一遍羅馬書8：16，你有沒有聖靈住在你裡面？**

□ 有　　□ 沒有　　□ 不清楚

若你已將自己的生命交給神，祂就能藉著聖靈住在你裡面。然而，此刻的你，既有被聖靈充滿的可能，也有不被聖靈充滿的可能。

■ **請讀以弗所書5：18：**「不要醉酒，酒能使人放蕩；乃要被聖靈充滿。」

你現在是否正被聖靈充滿？ □是　　□不是　　□不清楚

神希望你能被聖靈大大的充滿，當你順服神，讓祂管理你的性格，神就會把你整個人更新過來，這樣，你便能常常與祂交通。

本週學習的目的，乃是讓你明白為甚麼要被聖靈充滿，以及如何能每天都被聖靈充滿。在經過本週的學習後，你便能夠：

- 解釋神的靈和人的靈的關係；
- 列出四個被聖靈充滿的秘訣；
- 指出二個被聖靈充滿的目的，以及解釋神完成這兩個目的的方法；
- 列出被聖靈充滿的三個步驟。

甚麼是被聖靈充滿

有神的聖靈在你裡面和被聖靈充滿，其實是兩件截然不同的事，彼得的經歷，正是說明這分別的一個好例子。在五旬節之前，彼得已有了主的靈，約翰福音20：22說：「**說了這話，（基督）就向他們吹一口氣，說：『你們受聖靈！』**」耶穌把聖靈吹進門徒裡面，為要使他們能負上傳福音的使命。事實上，門徒也只得靠著聖靈的帶領，才能完成主的大使命。雖然彼得已領受了聖靈，但直至五旬節時，他的生命才被聖靈改變過來。五旬節那天，當聖靈豐豐滿滿的降臨在教會時，彼得就被聖靈充滿。

在五旬節之前，彼得是一個懦弱和否認主的人，他也曾因著自己暴躁的脾氣，而把一個兵丁的耳朵削了下來。但在五旬節之後，他完全改變了，我們再也看不見他暴躁和膚淺的性格，反而看見他放膽的講道，行神蹟，不顧性命的見證主，並且說話的語氣堅定、信心充足。

經歷聖靈的能力

每個接受主的人，都有主的靈在他裡面。請細閱哥林多後書1：21-22：「**那在基督裡堅固我們和你們，並且膏我們的就是神。祂又用印印了我們，並賜聖靈在我們心裡作憑據。**」

一杯半滿的水，和一杯滿得溢出來的水，是大有不同的。這也是耶穌說要用聖靈充滿我們的原因。試看約翰福音7：38-39：「**信我的人，就如經上所說：『從他腹中要流出活水的江河來。』**」

正如耶穌所說，聖靈要如活水江河般傾倒在我們身上。根據使徒行傳的記載，每當使徒遇到仍未被聖靈充滿的人，便會為他們禱告，祈求聖靈充滿他們。而神也樂意讓聖靈進入他們的生命中。

請翻到第 170 頁，然後大聲誦讀本週金句 —— 以弗所書 5：18，好作為你背誦它的第一步。

今天的基督徒同樣面對使徒當日所面對的困難 —— 以人的能力來參與屬靈的爭戰。在大部分信徒的生活與事奉上，五旬節的神蹟都好像從未發生過似的，他們嘗試憑自己的力量來順服神，因此，他們總感到撒但的智慧和能力都比自己強。他們也忘記了聖靈的任務，正是要延續耶穌給他們的激勵、能力和帶領。對這些門徒來說，三位一體神的第三位 —— 聖靈 —— 差不多就是一位「與他無關的神」，他們只會把聖靈的工作看為一種影響力、一種人生態度，或是一個說明神是無處不在的術語罷了。

■ **充滿你的聖靈是你的知心友嗎？**

□ 是　□不是　□ 不清楚

你曾否試過在沒有倚靠聖靈的情況下，自己作見證或帶領查經班？你也可能在沒有祈求聖靈充滿的情況下，嘗試靠自己的力量來解決問題，如教導反叛的兒子，或改善正在惡化的關係等。

其實，正如門徒在五旬節的經歷一樣，聖靈的同在和能力才是解決問題的方法。雖然，五旬節和各各他的經歷是不會重現的，但基督徒卻可抓住五旬節當天釋放的能力，如同他們可以經歷在各各他所成就的救恩一樣。在這星期裡，你將會學習更多這方面的事情。

木匠工作坊

聖靈的其中一項工作，就是使你更像基督。今天，你將會嘗試把自己一個性格的特質改變過來，務求讓自己能活出主的樣式。

■ **下列經文，都是與發怒和因發怒而引致的行為有關，請你細閱它們，然後在屬世的方法中，找出你要撇棄的行為，又在屬靈的方法中，找出你要學習的行為。我已先行做了一個範例供你參考。在本週的其餘時間，你都會記下自己學習撇棄舊人和穿上新人的進度。**

屬世的方法

「但現在你們要棄絕這一切的事，以及惱恨、忿怒、惡毒、毀謗，並口中污穢的言語。」(西 3：8)

「情慾的事都是顯而易見的，就如姦淫、污穢、邪蕩，拜偶像、邪術、仇恨、爭競、忌恨、惱怒、結黨、紛爭、異端、嫉妒、醉酒、荒宴等類。我從前告訴你們，現在又告訴你們，行這樣事的人，必不能承受神的國。」(加 5：19-21)

「一切苦毒、惱恨、忿怒、嚷鬧、毀謗，並一切的惡毒，都當從你們中間除掉。」(弗 4：31)

屬靈的方法

「所以，你們既是神的選民，聖潔蒙愛的人，就要存憐憫、恩慈、謙虛、溫柔、忍耐的心。」(西 3：12)

「聖靈所結的果子，就是仁愛、喜樂、和平、忍耐、恩慈、良善、信實、溫柔、節制。這樣的事，沒有律法禁止。」(加 5：22-23)

「並要以恩慈相待，存憐憫的心，彼此饒恕，正如神在基督裡饒恕了你們一樣。」（弗 4：32）

以下是我的例子：

我要撇棄的行為：發怒並説一些令自己後悔的話。

我為了摒棄以上行為而有的行動：求聖靈教導我，讓祂在我身上和舌頭上掌權的方法，好讓我在被人氣得發怒時，仍能控制自己的身體和舌頭。

為了讓聖靈在我身上工作，以至自己能活出基督樣式而有的行動：以愛心和恩慈對待所有的人。

現在，請寫下你的答案：

我要撇棄的行為：________________________

我為了摒棄以上行為而有的行動：________________

____

為了讓聖靈在我身上工作，以至自己能活出基督樣式而有的行動：

____

■ 請現在停下來禱告，求聖靈立刻充滿你，又求神藉著你來完成祂的工。

試與教會中的一位會友，分享你在信仰路上的掙扎與得勝。你也可以與他／她分享，你希望聖靈怎樣把你的性格改變過來。

請在今天靈修時，細閱一段有關五旬節的經文——使徒行傳2：1-21。讀畢後，請完成下面的「每日與主相交」。

神向我說甚麼：

____

____

____

____

我向神說甚麼：

____

____

____

____

第2天 你的靈與神的靈

當你從聖靈重生，你的靈就能活過來。這時，你便有了看透萬事的屬靈眼光。聖靈能幫助你：

- 明白屬靈的事；
- 讓神藉著你來作工。

屬靈的領悟

■ **請細閱哥林多前書2：14：**「然而，屬血氣的人不領會神聖靈的事，反倒以為愚拙，並且不能知道，因為這些事惟有屬靈的人才能看透。」

若沒有聖靈的幫助，人能明白甚麼？請選出你的答案：

□ 能明白神深奧的事
□ 能明白基本的真理
□ 不能明白任何的屬靈真理

沒有聖靈的幫助，人就不能明白神的事。

■ **約翰福音16：8-11如此說：**「祂既來了，就要叫世人為罪、為義、為審判，自己責備自己。為罪，是因他們不信我；為義，是因我往父那裡去，你們就不再見我；為審判，是因這世界的王受了審判。」

試根據以上經文，在下列的橫線上，寫上聖靈是如何令人自己責備自己。

聖靈定世人的 ________，因為他們不信主。

聖靈定世人為 ________，因為他們不信主是無罪的。

聖靈審判撒但，也 __________ 世人，因凡跟從撒但的人，都是被定了罪的。

上面正確答案是：罪、不義、審判。

聖靈能夠幫助我們明白真理，聖經也說：「如經上所記：『神為愛祂的人所預備的，是眼睛未曾看見，耳朵未曾聽見，人心也未曾想到的。只有神藉著聖靈向我們顯明了，因為聖靈參透萬事，就是神深奧的事也參透了。』」（林前 2：9-10）我曾聽見別人說，這段經文所描述的，是發生在天堂的事。但我卻認為，這段經文清楚說明神藉著聖靈，向人啟示了他們以前從未得知的真理。

■ **請細閱下列經文：**

「我們所領受的，並不是世上的靈，乃是從神來的靈，叫我們能知道神開恩賜給我們的事。」（林前 2：12）

「但保惠師，就是父因我的名所要差來的聖靈，祂要將一切的事指教你們，並且要叫你們想起我對你們所說的一切話。」（約 14：26）

根據上述經文，你認為聖靈要教導你甚麼？

____

聖靈能叫你想起基督的教訓。祂要把一切的事都告訴你（參約16：15），也要領你進入基督的真理。

聖靈藉你來完成的工作

聖靈不但使你明白真理，而且要透過你和其他信徒來作成神的工作。

■ **請細閱使徒行傳1：8：**「但聖靈降臨在你們身上，你們就必得著能力，並要在耶路撒冷、猶太全地，和撒馬利亞，直到地極，作我的見證。」

根據經文，聖靈能使你作甚麼？

聖靈能讓我成為基督的見證，撒迦利亞書4：6說：「不是倚靠勢力，不是倚靠才能，乃是倚靠我的靈方能成事。」

■ **請細閱以下經文：**

「那時，彼得被聖靈充滿，對他們說：『治民的官府和長老啊，倘若今日因為在殘疾人身上所行的善事查問我們他是怎樣得了痊愈，你們眾人和以色列百姓都當知道，站在你們面前的這人得痊愈，是因你們所釘十字架、神叫祂從死裡復活的拿撒勒人耶穌基督的名。』」（徒4：8-10）

「禱告完了，聚會的地方震動，他們就都被聖靈充滿，放膽講論神的道。」（徒4：31）

請從上述兩段經文中，找出被聖靈充滿就是傳道和作成神工作的字詞，然後在它們下面畫一道橫線。

你可能會在第一段經文中，畫下「彼得被聖靈充滿，對他們說」；在第二段經文中，畫下「他們都被聖靈充滿，放膽講論神的道」。

■ **請你複述聖靈使你能夠做到的兩件事，並在下面空白處寫出來。你可翻閱第 179 頁來核對你的答案。**

1. ________________________________

2. ________________________________

讓聖靈進來

神的靈與人的靈有很大的不同，神有的是神性，人有的是人性。神的靈若要進到我們心內，就必須先通過我們人性的關口。因此，我們不但有權力讓聖靈進入，也有權力把聖靈拒諸門外。

■ **請細閱啟示錄 3：20：**「看哪，我站在門外叩門，若有聽見我聲音就開門的，我要進到他那裡去，我與他，他與我一同坐席。」**這節經文如何描寫耶穌？**

____

這節經文描寫耶穌站在我們心門外，柔聲的要求進來。凡接受基督的人，就把心門打開，邀請耶穌進入他們的生命中。當你願意打開心門迎接祂，神的靈就會進到你的生命中，為你的靈魂帶來平安。

為你所能影響的人——那些經常與你有接觸的人——禱告。求神給你機會向他們分享神的愛，以及神正在門外等候他們的信息。請你也把這些人的名字寫在禱告簿內。**（見第268頁）**

聖靈不斷的充滿

正如本週金句所說，一個真正的門徒會讓神的靈不斷的充滿他，也會讓神的靈塑造他的品格。

請你現在停下來，大聲背出本週金句——以弗所書5：18。

■ **細閱使徒行傳4：29的經文：**「他們恐嚇我們，現在求主鑒察，一面叫祢僕人大放膽量講祢的道。」**當使徒被恐嚇時，他們向神求甚麼？**

____

當使徒被恐嚇時，他們並沒有求神讓他們不再受到威嚇，也沒有求神保護他們，只求神給他們勇氣，可以放膽講述神的道，而神也按他們所求的賜給他們。結果，很多人便因此相信了主。

■ **求聖靈在本週充滿你，並賜給你作見證的勇氣。**

木匠工作坊

聖靈如何令你有基督的形像？你學習模成基督樣式的進度又如何？

■ 在第一天，你已列出了為著模成基督樣式，而要撇棄與發怒有關的行為。今天，請舉例說明，你是如何撇棄有關行為的。

____

____

今天靈修時，請細閱使徒行傳4：13-31，這是一段講及門徒要求有勇氣為主講道的經文，你剛才所讀的經文也是從這裡抽出來的。讀畢後，請完成下面的「每日與主相交」。

神向我說甚麼：

____

____

____

____

我向神說甚麼：

____

____

____

____

第3天 聖靈不住的充滿

在第二天，你已知道真門徒會讓神的靈不斷的充滿，也會讓神的靈塑造他的品格。可是，不是所有的門徒都願意讓神來掌管他們的生命，世俗基督徒便是那些一直掙扎著，但都未能脫離「老我」的信徒。

■ **根據你對「門徒品格」圖的理解，說明為甚麼不是每位信徒都能被神的靈充滿。**

____

____

你也許會回答：因為不是每個人都願意打開心門，讓神的靈進入。若要被神的靈充滿，你首先要打開自己的心門。

聖靈的管理

你若是屬於主的，基督的靈就會住在你裡面。你若把祂看作客人、僕人、房客、上司或物業的主人（業主），你便不能被聖靈充滿。你若要被聖靈充滿，就必須認耶穌為主，並服膺在祂神聖的權柄下。帖撒羅尼迦前書 5：23 說明了神對你品格所作的工：「願賜平安的神親自使你們全然成聖！又願你們的靈與魂與身子得蒙保守，在我主耶穌基督降臨的時候，完全無可指摘！」

■「成聖」的意思是「分別」或「潔淨」。下列句子中，哪一句最能代表帖撒羅尼迦前書 5：23 的話？請在正確的句子旁寫上「是」字。

____ 神不但要把你品格分別為聖，也要洗淨你的品格上的一切污穢。

____ 神只會單單潔淨你的靈。

你若願意讓神的靈管理你的靈，神的靈便能洗淨你一切的罪。當神把你的品格分別為聖時，你便能與祂在愛中相交了。

■ 雖然聖靈已經住在你裡面，你卻可能沒有給祂適當的位置。你認為聖靈對你的招待，會有怎樣的評價？試在下列各項中，選出你認為正確的一項。

□ 被看為是一位客人
□ 被看為是一個僕人
□ 被看為是一個租客
□ 被看為是一個業主 —— 物業的擁有人

■ 神的靈與你的靈之間應有怎樣的關係？請在正確的方格內，加上「✓」號。

□ 你的靈應管理神的靈。
□ 神的靈與你的靈地位相等。
□ 神的靈應管理你的靈。

神希望祂的靈能完全的管理你，本週金句 —— 以弗所書 5：18，便告訴我們如何能令這事變成可能。

請你一面背誦本週金句——以弗所書5：18，一面大聲把它誦讀出來。

讓基督充滿你

約翰福音3：34說：「神所差來的，就說神的話，因為神賜聖靈給祂，是沒有限量的。」經文說明了耶穌是無限量的被聖靈充滿。耶穌經常被聖靈充滿，所以不論祂作甚麼事，都是帶著聖靈的能力。因此，我也渴望你能開放你的生命，好迎接聖靈的內住。

■ **你認為自己如何才能順服聖靈的帶領？試在下列各項中，找出正確的答案。**

我必須：

☐ 承認自己的罪和遠離這些罪。
☐ 常常讀經，好聆聽聖靈對我的說話。
☐ 常常禱告，求聖靈向我顯明神的心意。
☐ 求聖靈充滿我。
☐ 學習在危機出現時，立即倚靠神，而不是到最後一刻才尋求神的幫助。
☐ 把握和開拓作見證的機會。
☐ 不再以自己的方法，而是以榮耀神的方法來解決問題。
☐ 其他：________________________________

慕理（Andrew Murray）在《五旬節全備的祝福》（*The Full Blessing of Pentecost*）一書中，列出了六個要點，說明信徒要被聖靈充滿的原因。

■ 當你閱讀以下慕理的話時，請找出你仍有保留或不明白的地方，並在它們下面畫一道橫線。

1.完全的、不止息的活在聖靈的管理下，正是神對祂兒女的旨意。

2.沒有聖靈的充滿，信徒和教會都不能按神的心意來生活或工作。

3.從信徒的生活和經歷上，我們都可以發現，教會中被聖靈充滿的人，以及追求被聖靈充滿的人實在不多。

4.這福氣早就為我們預備好了，神也切望把這福氣賜給我們，因此，我們應憑著信心來接受這福氣。

5.被聖靈充滿的最大障礙，就是自我和世界。自我和世界令我們服侍自己和自己的喜好，以至基督在我們心中的地位被奪去。

6.除非我們願意順服主的帶領，並願意為主撇下和獻上一切，來換取神賜給我們極重無比的榮耀，否則，我們就無法被聖靈充滿。

■ 現在，請你細閱以下一段出自烈者士（L. L. Letgers）的話，並想想你的生活與這段話有甚麼相似或不相似的地方。

「你被聖靈充滿的憑證，就是你會以耶穌為你的一切。那時，你會仰望祂，會全屬於祂，會以耶穌為滿足。你也會發現，耶穌是又真又活的神，當你見證祂的時候，聖靈便會與你同在，並與你一起見證主的真理。……耶穌是你的主，在祂的帶領下，你就得享安息。……若你過著被聖靈充滿的生活，你的生活便有以下的特徵……第一，別人能看見聖靈在你身上工作的結果，這結果就是你能模成神兒子的樣式，以及結出聖靈的果子。第二，當你讀經的時候，聖靈會向你顯明耶穌的一切，你會因此喜愛住在祂裡面，而祂也會充充滿滿的住在你裡面。」

下列哪一項，最能反映你對以上說話的回應？你可以選擇一項或以上。

□ 我從未想過被聖靈充滿的生活原來是這樣子的。
□ 主，我曾離開祢，流蕩在外，求祢現在接受我的回轉。
□ 雖然我還未能完完全全的被聖靈充滿，但我會朝著這目標努力。
□ 主，求祢的靈充滿我，好讓我能過這樣的生活。
□ 主，我讚美祢，因祢在我生命中行了大而可畏的事。
□ 其他：＿＿＿＿＿＿＿＿＿＿＿＿＿＿＿＿＿＿＿＿

被耶穌的靈充滿的其中一個方法，就是把所聽的道行出來。專心聽道能讓你找出對你有幫助的話語，並讓你聽到聖靈對你的勸告。下一個活動能助你找出聖靈在你身上的工作。

請在第265頁的「聆聽神的話」表格中，寫下一篇講道或一次研經的重點——你學到的東西和想深入探討的東西。

請在今天靈修時，細看一段有關耶穌基督升天的經文——路加福音24：13-53。看看神怎樣藉著這段經文向你說話。讀畢後，請完成下頁的「每日與主相交」。

神向我說甚麼：

我向神說甚麼：

第4天 如何被聖靈充滿

若你仍不明白如何才能被聖靈充滿，我想本週金句必定可以給你一點的幫助，因它就如何被聖靈充滿一事，提出了四個重要的秘訣。

在閱讀這四個秘訣之前，請大聲背誦本週金句——以弗所書5：18三遍。也請你趁這機會，重溫你在學習本課程期間所背誦過的經文。

若我們能仔細研讀本週金句的原文，我們將會對它有更深入的理解。在原文中，「被充滿」這片語是屬於：

- 被動語態：被動的意思是，你自己不能作，必須由他人為你而作。只有神才能使聖靈充滿你，你既不能使聖靈充滿你，也不能令自己被聖靈充滿。
- 現在式：你現在便要被充滿。現在式代表你此時此刻的狀況。
- 進行式：在希臘文中，現在式帶有不斷進行的意思。因此，「被充滿」的意思是「不斷的被充滿」。雖然我們的悔改並不是一個連續性的行為，但被聖靈充滿卻是一個連續性的行為，因此，我們必須不斷的被聖靈充滿。正如水管可讓水不斷流過一樣，我們也應讓聖靈如江河般流進我們的生命，然後讓我們再藉聖靈的力量來服侍人。
- 命令語氣：「被充滿」是一個命令，也是神給所有信徒的吩咐。你既不能選擇，也不能以不明白為藉口來拒絕這命令。我個人被聖靈充滿的經歷，一直影響著我對被聖靈充滿一事的理解，這是你們可從第一天中知道的。可是，根據聖經，有些信徒在得救時，便會立即被聖靈充滿，使徒行傳第十章的哥尼流便是個好例子。

■ **在上述各項中，找出最能提醒你的項目，然後在它／它們旁邊加上「★」號。然後解釋為甚麼你需要這樣的提醒。**

藉你而湧流的聖靈

人如何才能經歷聖靈的充滿呢？你若是屬於主的，主的靈早已住在你裡面了。但主對你卻有更深的一層旨意，就是不止息的把聖靈供應給你，好讓你能把聖靈的能力不斷供給別人。神不希望你是一個盛載聖靈的器皿，而是希望你能成為一條流通的管子，既領受聖靈，也流出聖靈，這樣，神便能透過你來把祂的話語傳揚出去。

若你要被聖靈充滿和接受聖靈的管理，你就必須採取以下的三個步驟：

1. 承認你的罪、你的悖逆、你的空虛，以及需要神潔淨的事實。正如約翰一書1：9說：「我們若認自己的罪，神是信實的，是公義的，必要赦免我們的罪，洗淨我們一切的不義。」
2. 把你的身體獻上，讓你的每個肢體都可以在神的手中，成為義的工具。你可回想曾背誦過的羅馬書12：1的話。
3. 求神的靈充滿你、掌管你、給你力量，正如路加福音11：13的應許：「你們雖然不好，尚且知道拿好東西給兒女；何況天父，豈不更將聖靈給求祂的人麼？」你也得相信神是一位答應禱告的神。

■ 若要被聖靈充滿，有哪些步驟是你需要遵行的？請你現在低下頭，打開你的心門，讓聖靈可以隨時進入你的內心。然後請你依照以上的三個步驟，尋求聖靈的充滿。最後，請你寫下你信心的經歷。

____

____

請現在停下來禱告，並大聲誦讀本週金句 —— 以弗所書 5：18。然後為自己能被聖靈所充滿而感謝天父。

■ 試細閱下列經文：

「當用詩章、頌詞、靈歌，彼此對說，口唱心和的讚美主。」（弗 5：19）

「凡事要奉我們主耶穌基督的名，常常感謝父神。」（弗 5：20）

試從上述經文中，找出被聖靈充滿的兩個結果。

1. 以弗所書 5：19 ______________________________

2. 以弗所書 5：20 ______________________________

早期教會的信徒被聖靈充滿後，便會為生活上的一切來感謝神，其實，我們也可以像他們一樣，凡事謝恩。初期的基督徒常常藉音樂來表達對神的感謝，因此，你也可以對神所給的恩典，作出以下的回應：1. 彼此分享，歌唱讚美神。 2. 禱告感謝神。

神要用聖靈充滿你的目的

神要你被聖靈充滿的目的有二：第一，祂要你活出基督的性情。保羅在帖撒羅尼迦前書5：23中，便祈求我們能活出無可指摘的品格：「願賜平安的神親自使你們全然成聖！又願你們的靈與魂與身子得蒙保守，在我主耶穌基督降臨的時候，完全無可指摘！」第二，神要給我們能力，讓我們作成祂的工。

■ **請細閱以下經文：**

「但聖靈降臨在你們身上，你們就必得著能力，並要在耶路撒冷、猶太全地，和撒馬利亞，直到地極，作我的見證。」（徒1：8）

「禱告完了，聚會的地方震動，他們就都被聖靈充滿，放膽講論神的道。」（徒4：31）

試根據上述經文，說明聖靈能使我們作甚麼。

聖靈能給我們力量，讓我們放膽作見證。門徒本來都是懦弱、膽怯的，但被聖靈充滿後，卻能勇敢地作起見證來。由此可知，聖靈能加給人力量，讓人在逆境中，仍然無畏的為主作見證。因此，我們也需要聖靈的力量，好讓我們能為主作見證。*「放膽」並不表示你在作見證時，能沒有恐懼、也不會緊張，它的意思是：縱然你感到害怕，但你仍能勇敢面對。*

我希望你會渴想與身邊的人分享你的見證，並藉你的見證影響他們。

活出「門徒品格」

根據本課程的安排，你每週都會學習「門徒品格」圖的一部分，現在，你已把整個「門徒品格」圖學完了，你也許會問，如何才能把這個品格在日常生活中應用出來？

其實，「門徒品格」包含了不少的聖經真理，能在下列情況中應用出來：

1. 量度自己的屬靈生命，看看是否有所成長。
2. 在下列情況中，把有關的教導應用出來，讓自己過得勝的生活。
    a 在面對試探、肉體和撒但的攻擊時應用它。
    b 在作出全人奉獻的禱告時應用它，好讓你能為自己的肢體禱告。
    c 利用它來重溫與得勝生活有關的金句。
    d 利用它來重溫與塑造個人品性有關金句。
3. 透過繪畫「門徒品格」圖，可讓人知道自己究竟是自然人、世俗基督徒，還是屬靈基督徒。你也可以向他們解釋，如何把品格圖的原則應用在日常生活中。
4. 你可以利用它來向未信主的人解釋，如何才能成為主的門徒。首先，你要畫出並解釋甚麼是「自然人」，然後畫出並解釋甚麼是「屬靈基督徒」。若對方願意接受主，你便可向他畫出並解釋甚麼是「世俗基督徒」，並勸他不要過這樣的生活。若對方不願接受主，你也可向他畫出並解釋甚麼是「世俗基督徒」，然後再向他說明，為甚麼有些信徒總不能過得勝的生活。然而，若對方不願接受主的原因與信徒失敗的見證是沒有關係的，你便無須向他解釋甚麼是「世俗基督徒」了。

你的組長在上次聚會時，已藉著雅各書4：1-8，告訴你應用「門徒品格」圖的方法。現在，請你利用下面的圖樣，並用自己的話來說明如何能把「門徒品格」圖在生活中應用出來。請你先把肉體之門關上，然後在圓圈的中心畫一個十字架，這十字架需要把靈、肉體、思想、意志和情感都包圍起來。在「肉體」二字之上，寫上「釘死」。在圓圈上部寫上「獻上」二字。在「獻上」二字的左邊，寫上「親近神」三字和畫上一個指向「神」的箭頭。在「獻上」二字的右邊，寫上「神必親近你」五字，並畫上一個由神指向圓圈的箭頭。在圓圈的底部，寫上「抵擋」二字，並畫一個指向「撒但」的箭頭。在「撒但」下面寫上「離你逃跑」四字，以及畫出一個向下的箭頭。若你需要協助，請翻到第 264 頁。

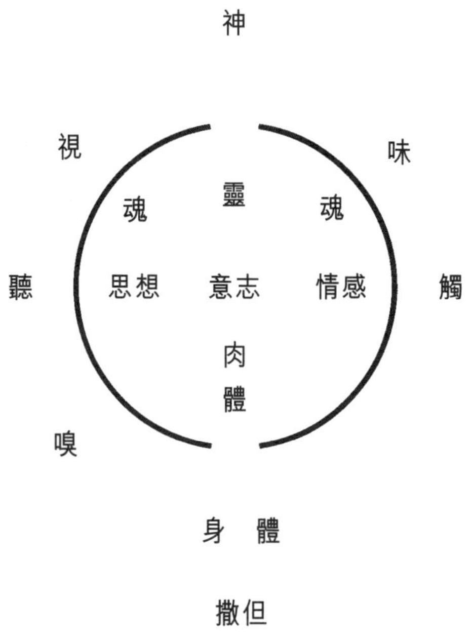

■ 請運用雅各書4：1-8，並自己的話，來解釋剛才所畫的「門徒品格」圖。

■ 你有否在日常生活中，把「門徒品格」圖應用出來？

□ 有　　□ 沒有

若你的答案是「有」的話，請你把你的經驗寫出來。若你的答案是「沒有」的話，請你嘗試打開你的心門，讓聖靈向你顯明祂的心意。

木匠工作坊

你是否已在聖靈的帶領下，脫下舊人，並穿上新人？

■ 在第二天，你曾寫下撇棄與發怒有關的行為的進度，今天，請你寫下自己在撇棄舊行為後，基督為你生命所加上的特質。

請在今天靈修時，細閱一段有關哥尼流得蒙救贖，以及被聖靈充滿的經文 —— 使徒行傳第十章。讓神透過這段經文，向你說話。讀畢後，請完成下面的「每日與主相交」。

神向我說甚麼：

______

______

______

______

我向神說甚麼：

______

______

______

______

第5天 神的旨意成就

在第四天，你知道了神要在被聖靈充滿的信徒身上，達成兩個目的：

- 活出基督的樣式。
- 裝備他，讓他能為主作工。

活出基督的樣式

被聖靈充滿的第一個目的，便是活出基督的樣式，這目的可藉結出屬靈的果子來達成。被聖靈充滿的第二個目的，則可通過屬靈的恩賜來達成。

讓我們現在來看看，屬靈的果子如何能把基督的樣式培養出來。

■ **請重溫第三週曾背誦過的經文——加拉太書5：22-23，這兩節經文說明了甚麼是屬靈的果子。然後請細閱彼得後書1：5-8：**「正因這緣故，你們要分外的殷勤；有了信心，又要加上德行；有了德行，又要加上知識；有了知識，又要加上節制；有了節制，又要加上忍耐；有了忍耐，又要加上虔敬；有了虔敬，又要加上愛弟兄的心；有了愛弟兄的心，又要加上愛眾人的心。你們若充充足足的有這幾樣，就必使你們在認識我們的主耶穌基督上，不至於閒懶不結果子了。」**彼得在這段經文中，指出了多項塑造信徒品格的素質，請你把這些素質列寫出來。**

為甚麼彼得認為你需要這些素質？

彼得認為你需要這些素質，因為有了它們以後，你便不會閒懶不結果子了。換言之，只有在靈裡活著的人，才能為主結果子。

木匠工作坊

在本週，聖靈如何在你身上作工，以至你能活出基督的性情？你是否能撇棄舊人，並穿上新人？

■ **在第177頁中，你曾回答與發怒有關的問題，現在請你繼續回答以下的問題：**

我要在本週撇棄的行為：

基督在本週加在我性格上的特質：

■ **請現在停下來，感謝神賜你聖靈，讓你能活出基督的樣式。**

為事奉而裝備

聖靈能親自完成被聖靈充滿的第二個目的 —— 裝備你，讓你能為主作工。透過賜下各樣屬靈的恩賜，祂給你力量，讓你能服侍人。當一個人被聖靈充滿後，便會渴望事奉。這個人不單渴望神能透過他來作工，也渴望能在神的大使命中有份。事實上，也只有在被聖靈不斷充滿的情況下，信徒才能有這種神聖的渴望。總言之，屬靈的果子能讓你活出基督的樣式，而屬靈的恩賜則能令你事主有力。

■ **請細閱下列經文：**

「聖靈顯在各人身上，是叫人得益處。這人蒙聖靈賜他智慧的言語，那人也蒙這位聖靈賜他知識的言語，又有一人蒙這位聖靈賜他信心，還有一人蒙這位聖靈賜他醫病的恩賜，又叫一人能行異能，又叫一人能作先知，又叫一人能辨別諸靈，又叫一人能說方言，又叫一人能繙方言。這一切都是這位聖靈所運行、隨己意分給各人的。」（林前 12：7-11）

「按我們所得的恩賜，各有不同。或說預言，就當照著信心的程度說預言，或作執事，就當專一執事；或作教導的，就當專一教導；或作勸化的，就當專一勸化；施捨的，就當誠實；治理的，就當殷勤；憐憫人的，就當甘心。」（羅 12：6-8）

以上兩段經文，都記載了不同的屬靈恩賜，你認為有哪些恩賜，是聖靈賜給了你的？請把它們寫出來。

你有沒有把自己的恩賜好好發揮出來？請在上面列出的恩賜旁，寫下你對它們發揮的程度。

1. 全無　　2. 一點　　3. 盡情

■ 請現在停下來，求神給你樂意奉獻自己恩賜的心，並求神幫助你，讓你能把聖靈的恩賜淋漓盡致的發揮出來。

只有被聖靈充滿，我們才能有基督的性情和事奉的能力，因此，若你想憑自己的力量來獲取這兩樣東西，你必定會徒勞無功。《塑造主生命》第四冊「使命篇」將會向你説明甚麼是事奉的恩賜，並幫助你發掘聖靈給你的恩賜。那時，你便能好好的按聖靈的意思來事奉神。

■ **請完成下列的填充題，以總結神要你被聖靈充滿的目的。**

神的第一個目的：＿＿＿＿＿＿＿＿＿＿＿＿＿＿＿＿

祂達成這目的的方法：＿＿＿＿＿＿＿＿＿＿＿＿＿＿

神的第二個目的：＿＿＿＿＿＿＿＿＿＿＿＿＿＿＿＿

祂達成這目的的方法：＿＿＿＿＿＿＿＿＿＿＿＿＿＿

如何寫見證

下列的指引能助你把生活上的片段整理成一個清晰、明確的見證。以下是寫見證的原因。

- 把藏在腦海中的經歷重新整理出來。
- 容許組長給你意見，讓你的見證更能觸動人心。
- 先擬好一個基本見證，以後只要對它作出增刪，便能在不同的環境中應用出來。
- 掌握自己的見證，以後便能隨時向人述説自己得救的經歷了。

■ **請依據下列指引，把你的見證寫出來。**

1. 請以第三週的見證和第四週的筆記作為你見證的初稿。在組長批改過後，你就可以用更生動的詞語來對它作進一步的潤飾。改寫時，請儘量運用與人閒談的口吻，以及用「我」來稱呼自己。此外，你無須顧及文法是否正確，因你不是要準備一篇講章，而是向別人說明自己的經歷而已。

2. 請選擇下列其中一個方法，來寫你的見證。

a 順序法：若你在信主前，曾有許多重要的經歷，便可採用這方法，因它能突顯你在信主前和在信主後的不同。

時序

1	2	3	4

1.認識基督之前的我。
2.我怎樣知道自己的需要？
3.我怎樣成為一位信徒？
4.成為基督徒對我的意義？

b 主題法：若你在孩童時便加入了教會，或者（並且）對信主前的經歷印象模糊，你便可考慮這個作見證的方法。這個方法是以事件為見證的主線，這些事件可以是你的經歷、問題、事情或感覺等，如對死亡的恐懼、對成功的渴望、性格上的缺陷、對自我的追尋、危機給你的考驗等，都可以是你見證的主題。

主題

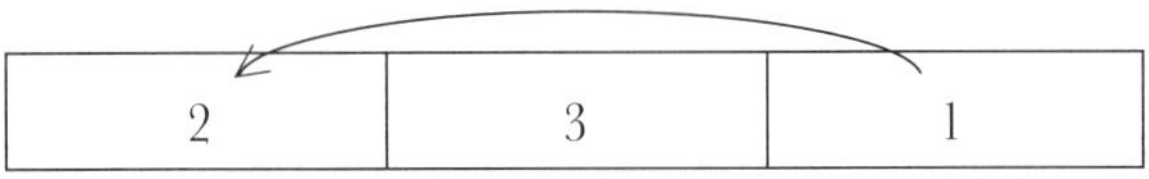

1.一個主題、一項需要或一個問題。
2.我是如何成為信徒的。
3.成為基督徒對我的意義。

在正式向人講述自己的得救經歷前，你可以先向別人講述自己的近況，並以之作為一個簡短的見證，如：

- 我已發現不再憂慮的秘訣。
- 我已發現生活的目的。
- 我已克服了孤單。
- 我已克服了對死亡的恐懼。
- 我已找到令生活更有意義的方法。
- 我已找到快樂的秘訣。

你可以先說明主題，再講出解決問題的方法。當你以這種「重點憶述」的方法闡明主題，你便無須複述自己在得救前的經歷。因此，你若忘記了與你得救有關事件的時序，這種「重點憶述」的方法，便是你作見證時的首選。事實上，不少信徒雖然得救了，但卻往往忘記了自己是在甚麼時候決志信主的。若這也是你的情況，請你在作見證前，先確定自己是得救的。若你不能肯定自己是否得救，請與你的組長或其他能幫助你的信徒聯絡，我相信他們必定可以為你找到得救的確據。由於你得救的日子遠不及你與神的關係那麼重要，所以你若已認耶穌為主，你便可運用「重點憶述」的技巧，讓自己在無須交代時間的情況下，把你信仰的轉捩點向人陳述出來。就算你已忘記自己在決志時，有沒有清晰的想過福音的四個事實（罪、罪的刑罰、基督的代死、接受基督）與你的關係，你也可在憶述中告訴別人，因為你現在已經明白並相信這些事實了。

■**請你決定採用上述哪種作見證的方法。**

3. 請以你信主前的生活和價值觀作為見證的引言，這個引言要儘量寫得有趣一點，讓人知道你也是個普通人。你也得扼要地說

出幾件往事，好作為你見證的基礎。你所說的事件要容易讓人產生共鳴，也要讓人明白你是個沒有甚麼特別的人。作見證時的語氣要成熟，不要孩子氣，不要說：「爸爸愛把我放在他的膝上，和我說話。」要說：「某天，父親對我說……」。作見證時，不要過份緬懷與陌生人不相干的往事，相反，要以肯定的語氣，把當時的情況簡潔地描述出來。

4. 突顯你得救的過程（你如何認識自己的需要），*在說明的時候，宜儘量簡略*，避免提及你的教會名稱、你的歲數及決志日期，除非聽你見證的人與你有相同的背景。不要把你的得救故事說得過份科幻，免得別人不能認同你所說的話。你也要避免引用宗教或教會術語，免得不同宗教背景或沒有宗教信仰的人聽不明白。

5. 概述你的得救過程（你如何成為基督徒？）

   a 順序法：首先說明你如何發現自己因自我中心的生活而得罪神；接著說出罪的刑罰給你的感受；第三，說明你如何得知基督為你的罪付上贖價；最後，說明你接受基督的過程。請你務必強調，悔改與信心是接受救恩的必要條件。

   b 主題式：雖然你不能清楚記起信主的每一個過程，但你仍可在不提及時間的情況下，說出你的經歷。*作見證時，你得滿有信心的向人說明你已接受基督為主，並決意一生跟隨祂。*

作見證往往是向人傳福音的好方法，若你以見證作為宣講福音的開場白，那麼，你可以在作見證後，直接向對方傳福音，引導他信主，而無須理會下面的四點。

6. 先與人分享你認基督為主的結果（作基督徒對你的意義），然後立刻扼要地說明基督如何改變你的生命。你可以舉出一、兩個容易引起對方共鳴的例子。

a.你可以向對方提及自己在尋求主時，內心出現過的掙扎，因這樣的分享，可避免給人一種自以為完美的感覺。

b.許多基督徒過份注意信主後所發生的事，你當然需要提到這些事，但非信徒最關心的，卻是你信主的過程，因此，請你不要花太多時間來分享你的改變。相反，你應該集中描寫自己在信主前的經歷，而不是信主後的改變。請你緊記，你的見證是為非信徒而寫的。以後，你將會有機會寫一些有關奉獻、作門徒、教會生活、團契生活、禱告生活等的見證，所以，你現在只須把見證的焦點集中在自己如何得救的事上。

7. *結束見證時，要為自己留下繼續與對方分享信仰的機會*，你可以利用下列的問題來結束你的見證：

a.曾經有類似的事發生在你身上嗎？

b.你認為這些事有道理嗎？

c.你有沒有想過你也需要這樣的平安（如：得救的確據、喜樂的心、神同在等）嗎？

d.你確定自己有永生，死後能上天堂嗎？

8. 請根據下列的準則，來檢視你的見證。需要的話，你得把你的見證修正過來。請在小組把你的見證審閱過後，再把它抄寫一遍。

a.情節是否分明和連貫？

b.見證四部分的篇幅是否均等？

c.是否已把「福音的四個事實」包括在第三部分內？

d.見證是否過短或過長？是否需要增添或刪減部分的內容？

e.用來結束見證的話，是否可以令彼此再有交談的機會？

f. 見證像談話似的輕鬆，還是如講道般嚴肅？

9. 寫見證並非易事，而寫作時間的長短，則在乎你見證的複雜程度，以及你作見證的經驗是否豐富。換言之，寫作時間的多少與你的智慧和見證是否有說服力並無必然關係。寫見證的時候，必然會令你想起以前許多不愉快的經歷，你的心情一定不好受，因此，你必須確定自己是個已經得救的人。當然，撒但絕對不願意看到一個可以帶領別人信主的見證，因此，牠必定會給你不少的攻擊，而你也必須堅定的禱告、倚靠主。

你若仍然懷疑自己是個未得救的人，請你現在立刻禱告，邀請神進入你的心內。羅馬書10：13說：「因為『凡求告主名的，就必得救。』」你可以這樣的向神禱告：

「主耶穌，我是一個罪人，我需要祢。我要祢作我的救主和生命的主。我明白祢死在十字架上，無非是要為我的罪付上贖價。我現在把我的生命交給祢，求祢看顧。我感謝祢的赦免，也感謝祢賜我的新生命。請祢繼續幫助我，讓我對祢的愛和能力有更多的了解，好使我的生命能榮耀祢、尊崇祢。阿們。」

簽名：____________________ 日期：____________________

試根據「如何寫見證」的指引，寫下你的見證。請你準備在下次聚會時，把你的見證分享出來。你的見證只需長三分鐘，若你用中文打字，它的長度就相等於以單行行距列印出來的一頁紙；若你寫出來，它就約長二頁紙。

請在今天靈修時，細閱一段講述以屬靈恩賜來建立基督身體的經文 —— 羅馬書 12：1-8。讀畢後，請完成下面的「每日與主相交」。

神向我說甚麼：

______

______

______

______

我向神說甚麼：

______

______

______

______

本週有甚麼不同？

■ 重溫在本星期開始時的學習材料「本週與主同行」。若你已完成有關活動，請在該活動前的◇符號內畫一直線。若有未完成的活動，請你繼續完成它。最後，請你想一想如何在小組內，分享你對本週活動的體驗。

■ **在學習過「被聖靈充滿」後，你認為下列哪一項可應用在自己的身上？請在方格內加上「✓」號。**

- □ 我現在比以前更清楚明白，原來聖靈不單住在我裡面，祂更賜給了我各樣的恩賜。
- □ 我不單渴望被聖靈充滿，更樂意實行令聖靈充滿我的行動。
- □ 聖靈不單充滿了我，祂更催促我運用恩賜去服侍別人。
- □ 在本週，聖靈不單幫助我撇棄了以往的思想和行為，也為我的生命添上新的素質，令我能活出基督的性情。

第六週

得勝的生活

本週目標

你能向別人說明：自己信主的經過，和過得勝生活的秘訣。

本週與主同行

你將會通過下列的活動來進行作門徒的六項屬靈操練。每當你完成一項活動時，請在有關句子旁的◇符號內畫一直線。

與主同在

◇ 實行每天靈修，並寫下你每天靈修的時間。

主日：____ 週一：____ 週二：____ 週三：____
週四：____ 週五：____ 週六：____

活在主的話語中

◇ 每天讀經。寫下神對你說的話和你對神說的話。

◇ 背誦羅馬書6：12-13。

◇ 溫習以弗所書5：18，腓立比書2：13，羅馬書12：1-2，加拉太書5：22-23及哥林多前書6：19-20。

◇ 在「聆聽神的話」表格內，記錄主日崇拜講道或主日學的信息。

信心禱告

◇ 為兩位未信主的同事或鄰居禱告。

信徒相交

◇ 與你的禱伴分享聖靈幫助你的方法。

向世人作見證

◇ 參考組長在上星期給你的意見，繼續改寫你的見證。

彼此服侍

◇ 學習如何向別人講述自己的見證。

◇ 畫出並解釋「門徒品格」圖。

◇ 運用加拉太書5：16-25，解釋如何能把「門徒品格」應用在日常生活中。

本週金句

「所以，不要容罪在你們必死的身上作王，使你們順從身子的私慾。也不要將你們的肢體獻給罪作不義的器具；倒要像從死裡復活的人，將自己獻給神，並將肢體作義的器具獻給神。」（羅6：12-13）

第1天 勝過罪惡

當一群科羅拉多州的牧師剛上過「塑造主生命」訓練課程後，其中一位牧師便接到通知，要立即去探望一位自殺不遂的少女。當這位牧師輔導這位少女時，負責照顧她的護士恰巧也留在病房中打點。那位牧師在輔導時，運用了他剛從訓練課程中學到的「門徒品格」圖的基本原理。藉著這些原理，他向那位少女解釋了人品格中不同層面的配搭原則，為甚麼我們會憑己意而行，以及撒但為何能引誘我們去犯罪等。

當這位牧師結束慰問，走出病房時，那位一直在病房中的護士尾隨著他，並對他說：「我從未聽過對我這麼有幫助的信息，你可否告訴我更多這方面的事？」於是，這位牧師便向她繼續說明主的救恩，那位護士也因此相信接受了主耶穌。

「那位牧師透過分享『門徒品格』圖，便即時結出了福音的果子。」門訓導師占美．柯（Jimmy Crowe）回憶著說。他又說：「這不單幫助了那位少女，更幫助了那位護士。」

透過明白個性對自我的影響，你便能夠明白過得勝生活的方法。然而，單單明白過得勝生活的方法，並不能令世上的罪惡止息，因為撒但仍會到處尋找可吞噬的人。無疑，知識就是力量，但真正的力量乃是聖靈。你若明白自己是多麼容易的跌倒、多麼容易的打開肉體之門，你才會防備「老我」的思想與行為，才會一心讓聖靈助你活出基督的性情。

當主死在十架上，並從墳墓裡復活過來，祂便勝過了罪。祂也應承門徒，他們可在祂的得勝上有份。約翰一書 5：4-5 如此説：「因為凡從神生的，就勝過世界；使我們勝了世界的，就是我們的信心。勝過世界的是誰呢？不是那信耶穌是神兒子的麼？」一個得勝基督徒的生活，就是一個被聖靈充滿的生活。

在上週的學習中，你已發現被聖靈充滿的生活，就是天天治死肉體，並讓聖靈引導的生活。在本週，你將會學習如何在耶穌基督得勝的基礎上，過勝過罪惡的生活。在完成本週的學習後，你便能夠：

- 利用「門徒品格」圖來説明甚麼是失敗或勝利的生活。
- 説明耶穌如何能令門徒過得勝的生活。
- 評估自己是否已能過得勝的生活。

內心的爭戰

罪的律和神的律常常在信徒的內心交戰。由於人是按著神的形像造的，所以每個人都有神的道德法則在心裡。可惜，人卻因肉體的墮落而被情慾所控制，以至不能實行神的法則。試看羅馬書7：19-24如何描述善惡交戰的情況：「故此，我所願意的善，我反不作；我所不願意的惡，我倒去作。若我去作所不願意作的，就不是我作的，乃是住在我裡頭的罪作的。我覺得有個律，就是我願意為善的時候，便有惡與我同在。因為按著我裡面的意思，我是喜歡神的律；但我覺得肢體中另有個律和我心中的律交戰，把我擄去，叫我附從那肢體中犯罪的律。我真是苦啊！誰能救我脱離這取死的身體呢？」

■ **細想剛才所讀經文的意思，然後把保羅的話總結出來。**

____

____

你可能會寫下與下列句子類似的話：我想立志為善，但罪卻令我行不出來。我總是被罪的律捆鎖著。

世俗基督徒經常處於兩難之中，因為他們肉體之門是敞開的，他們的生命也是由「自我」掌管的。就是這樣，邪惡的意念進入他們的內心，以至聖靈找不到落腳的地方。

■ **請細閱保羅在羅馬書8：6-8論及肉體的話：**「體貼肉體的，就是死；體貼聖靈的，乃是生命、平安。原來體貼肉體的，就是與神為仇；因為不服神的律法，也是不能服，而且屬肉體的人不能得神的喜歡。」

試根據經文，選出正確的答案：

☐ 1. 體貼肉體就是與神為敵。
☐ 2. 體貼肉體就是生命、平安。
☐ 3. 體貼肉體就不能體貼神的律。
☐ 4. 體貼肉體就不能討神的喜悅。

神不但不喜悅人服膺罪惡，而且以這些人為敵，因為這些人作事的方法違背了神的法則，所以他們永不能得著生命與平安。上面正確答案是1，3，4。

天天跟隨主

雖然屬靈基督徒也不是完美的，但他們懂得把自己的肉體天天釘死，也懂得讓聖靈天天充滿他們。當他們受到試探時，他們會一方面把通向撒但之門關上，另一方面，會開啟通向耶穌之門。

■ **細閱羅馬書6：17-18：**「感謝神！因為你們從前雖然作罪的奴僕，現今卻從心裡順服了所傳給你們道理的模範。你們既從罪裡得了釋放，就作了義的奴僕。」

罪的奴僕怎可以得著釋放？試從下面選出正確的答案：

□ 1. 順服神的話。
□ 2. 拒絕試探。

順服神的話能令你有拒絕成為罪的奴僕的能力，因神的話不單是力量和平安的源頭，也是生活的亮光。當你在思想和行為上需要指示的時候，你可以嘗試默想神的話。上面正確答案是：1。

背誦經文能夠幫助你拒絕試探。本週背誦的經文是羅馬書6：12-13，請你翻開第212頁，並大聲把它誦讀出來。然後寫出這段經文能助你拒絕試探的原因。

____

____

你可能會說，這段經文能提醒你，要把肢體獻給神作義的器具，而不作不義的器具。在面對試探時，這些經文能助你捆綁撒但，並提醒自己要尋求神的幫助。

木匠工作坊

對於以善代惡，你有甚麼實際可行的辦法？今天，你將會發現自己原來早就有了渴望活出基督樣式的想法。

■ 請細閱下列與貪婪有關的經文，並在與貪婪有關的字詞下畫一道橫線。然後在「屬世的方法」中，找出你要撇棄的行為，又在「屬靈的方法」中，找出你要學習的行為。我已先行做了一個範例供你參考。在本週的其餘時間，你都會有記下學習這些新行為進度的機會。

屬世的方法

「至於淫亂並一切污穢，或是貪婪，在你們中間連提都不可，方合聖徒的體統。」(弗 5：3)

「所以，要治死你們在地上的肢體，就如淫亂、污穢、邪情、惡慾，和貪婪，貪婪就與拜偶像一樣。」(西 3：5)

「情慾的事都是顯而易見的，就如姦淫、污穢、邪蕩、拜偶像、邪術、仇恨、爭競、忌恨、惱怒、結黨、紛爭、異端、嫉妒、醉酒、荒宴等類。我從前告訴你們，現在又告訴你們，行這樣事的人，必不能承受神的國。」(加 5：19-21)

屬靈的方法

「所以，你們該效法神，好像蒙慈愛的兒女一樣。也要憑愛心行事，正如基督愛我們，為我們捨了自己，當作馨香的供物和祭物，獻與神。」(弗 5：1-2)

「你們要思念上面的事，不要思念地上的事。」(西 3：2)

「聖靈所結的果子，就是仁愛、喜樂、和平、忍耐、恩慈、良善、信實、溫柔、節制。這樣的事，沒有律法禁止。」(加 5：22-23)

以下是我的例子：

我要撇棄的行為：過份奢侈。
我為了摒棄以上行為而有的行動：當我看到自己想擁有的東西時，也決不會再用信用卡來付款，以免債台高築。
為了讓聖靈在我身上工作，以至自己能活出基督樣式而有的行動：學習因自己所擁有的一切而滿足，並培養知足常樂的心。

現在，請寫下你的答案：

我要撇棄的行為：________________________

我為了摒棄以上行為而有的行動：__________________

____

為了讓聖靈在我身上工作，以至自己能活出基督樣式而有的行動：

____

與禱伴分享聖靈幫助你的方法，也請你告訴對方你希望自己能經歷的改變，好讓他／她能與你一起禱告，祈求聖靈幫助你撇棄有關的舊行為。

請在今天靈修時，細閱以弗所書第五章。在尋求如何能活出基督的樣式時，你已經讀過這段經文。讀畢後，請完成下頁的「每日與主相交」。

神向我說甚麼：

我向神說甚麼：

第2天

防備仇敵

要過得勝的生活，就必須提防撒但的攻擊，並且遠離撒但。雖然人的品格是神最完美的創造，可是，人一旦選擇跟隨撒但，並享受罪中之樂，他的品性便會被完全的破壞。撒但的攻擊極具破壞力，只有愚蠢的信徒，才會對他的攻擊掉以輕心。

脅迫信徒的勢力

■ **請細閱以下經文：**

「因為情慾和聖靈相爭，聖靈和情慾相爭，這兩個是彼此相敵，使你們不能作所願意作的。」（加 5：17）

「不要愛世界和世界上的事。人若愛世界，愛父的心就不在他裡面了。」（約壹 2：15）

「務要謹守，儆醒。因為你們的仇敵魔鬼，如同吼叫的獅子，遍地遊行，尋找可吞吃的人。」（彼前 5：8）

試根據上述經文，找出有甚麼勢力，正與住在你裡面的聖靈相爭。

加拉太書5：17 ____________________

約翰一書2：15 ____________________

彼得前書 5：8 ____________________

這些經文都不約而同的指出，仇敵是活著的，並且四處尋找和消滅基督徒。撒但正尋找你性格上的弱點，好使你跌倒。罪性、世界、魔鬼，都是與住在你裡面的聖靈相爭的勢力。

■ **請在下列個案中，找出撒但與聖靈相爭的情況，並在它們之下畫一道橫線。**

茱莉極需要一份足以養活她自己和她兒子的工作。雖然她已不斷的進修來提升自己的技能，又不斷的向職業介紹所查詢、求助，但足足過了六個月，她仍然找不到工作。這時候，她的儲蓄所餘無幾，可謂到了山窮水盡的地步。茱莉是個基督徒，本來一直相信神會賜予她一份工作，然而到了這時候，她開始懷疑神是否真的會體恤她的困境。

已屆中年的**阿健**，是三位兒子的父親。最近，他被證實患上一個高危的病症。起初，他決意抱著積極樂觀的態度，與病魔周旋到底。可是，冗長的治療過程與治療帶來的痛苦，在一段時間後，便令他心力交瘁，不能再像以往那般積極和樂觀。此外，他又因要常常請假來接受治療，以至成為了公司裁員的對象之一。阿健多年來都是位忠心的主日學教師，但現在，他也不禁懷疑，神何時才會施恩憐憫他。

瑞雷努力經營生意，而他的生意也非常成功。當他的收入增加後，他便買了更大的房子、更名貴的轎車、以及許許多多的物質。瑞雷本來是教會中的活躍份子，但他現在只顧外出旅遊，以及參與種種不同的休閒活動，不久之後，他便告訴自己，由於自己實在是個忙碌和重要的人，所以，他已再沒有時間可分給教會了。

撒但能找到信徒最脆弱的地方，然後施以重擊。當茱莉懷疑神是否明白她的困境；當阿健質問神，為甚麼不施恩憐憫他時；他們其實都向撒但暴露了他們生命的缺口。當瑞雷以為他可以無須與信徒相交，甚至獨個兒作基督徒，他就成為最容易被撒但吞噬的人了。

撒但一直等待著的，就是信徒感到困惑、懷疑、恐懼和痛苦的時候。因這個時候，正是牠攻擊我們的最佳時刻，也是破壞我們和神關係的黃金機會。然而，我們若專心仰望神，聖靈就會幫助我們，讓我們在主裡享安息，並在等候神幫助期間，有自我約束的能力。

■ **在閱讀以上個案時，你有沒有身同感受的感覺？撒但有否在你感到無助和焦慮時攻擊你？若有的話，請你在與你經歷近似的個案旁加上「★」號。請你找出你現時或過去生命中最脆弱的地方，並寫下你的掙扎。**

____

____

____

本週金句所描述的，正是罪要奪去你生命的主權時，所給你的挑戰。請在下面空白處，寫出本週金句 —— 羅馬書 6：12-13，並繼續把它背下來。

____

____

____

得勝的生命

當撒但的勢力要攻擊你裡面的靈，你知否耶穌為你作過甚麼，叫你可以向撒但的勢力誇勝？以下三段經文可以給你答案：

「律法既因肉體軟弱，有所不能行的，神就差遣自己的兒子，成為罪身的形狀，作了贖罪祭，在肉體中定了罪案。」（羅8：3）

「我將這些事告訴你們，是要叫你們在我裡面有平安。在世上，你們有苦難；但你們可以放心，我已經勝了世界。」（約16：33）

「犯罪的是屬魔鬼，因為魔鬼從起初就犯罪。神的兒子顯現出來，為要除滅魔鬼的作為。」（約壹3：8）

■ **試根據上述經文，說明耶穌作了甚麼可以征服仇敵的事。**

羅馬書8：3 ______________________________

約翰福音16：33 ______________________________

約翰一書3：8 ______________________________

何等寶貴的勝利啊！當你面對撒但的攻擊時，請記得你並不是孤軍作戰的，因為基督早已為你戰勝了撒但。當基督死在十架上時，祂已經治死了你肉體的罪，為你勝過這世界，也為你摧毀了魔鬼一切的工作。祂也為你的緣故，賜下聖靈，讓你可以得著能力，勝過試探。

你是否巴不得立即就把這個奇妙的信息告訴別人，讓別人都能擁有勝過罪惡的能力呢？在你認識的人中，有沒有人因不認識主而跌進試探的陷阱呢？若你明白他們犯罪的原因，乃是魔鬼操控著他們的結果，你便必定會渴望他們能認識那位能除滅撒但、勝過世界的主。

■ **請為兩位沒有認識主的同事或鄰居禱告。**

木匠工作坊

你是否能夠抵擋撒但的攻擊？若你仍未能完全抵擋撒但的攻擊，請不要灰心，因為聖靈必能助你除去不聖潔的思想和行為，並且幫助你活出基督的性情。

在第一天，你已立志撇棄某些行為，好讓自己能更像主。今天，請你舉例說明你是如何撇棄那行為的。

____

____

請在今天靈修時，細閱加拉太書第五章。在尋求如何才能活出基督的榜樣時，你也曾讀過這段經文。讀畢後，請完成下面的「每日與主相交」。

神向我說甚麼：

____

____

____

我向神說甚麼：

____

____

____

第3天 你也能得勝

昨天，你已知道撒但會在你最軟弱的時候攻擊你，引誘你不再信靠神，然而，主已經勝過撒但，你也可因著主的得勝而向撒但誇勝。請你想想耶穌死在十架上的情景，你知道祂為甚麼要死在十架上嗎？你若明白祂死在十架上的原因，便能與祂一同勝過罪惡。原來根據律法，若不流血，罪就不得赦免。因此，耶穌必須為你而死。耶穌的死與復活，是你得以在神面前稱義的根據，而祂的聖潔與完美，便是神選擇祂成為贖罪祭的原因。若沒有耶穌的血，人的罪就永不能被洗淨。希伯來書9：22說：「按著律法，凡物差不多都是用血潔淨的；若不流血，罪就不得赦免了。」

■ **請細閱以下耶穌勝過罪惡的經文：**

「如果這樣，祂從創世以來，就必多次受苦了。但如今在這末世顯現一次，把自己獻為祭，好除掉罪。」（來9：26）

「這樣，你們向罪也當看自己是死的；向神在基督耶穌裡，卻當看自己是活的。」（羅6：11）

「死的毒鉤就是罪，罪的權勢就是律法。感謝神，使我們藉著我們的主耶穌基督得勝。」（林前15：56-57）

「我們若在光明中行，如同神在光明中，就彼此相交，祂兒子耶穌的血也洗淨我們一切的罪。」（約壹1：7）

試把下列的經節與有關的說明文字配對起來。

____ 1. 希伯來書 9：26	a. 藉著耶穌，你向罪是死的。
____ 2. 羅馬書 6：11	b. 耶穌的寶血能洗淨我們的罪。
____ 3. 哥林多前書 15：56-57	c. 耶穌的死，能除掉我們的罪。
____ 4. 約翰一書 1：7	d. 藉著耶穌，我們能向罪誇勝。

無罪的主所流的血，乃是我們罪得赦免的原因。我們向罪既是死的，罪便不能作我們的主了。主耶穌也早已為我們預備了一條出路，好叫我們能抵擋一切的試探。上面正確答案是：1.-c；2.-a；3.-d；4.-b 。

得勝的生活

耶穌已經得勝，所以我們也能靠祂得勝。加拉太書 2：20 指出兩種不可分割的致勝力量：「我已經與基督同釘十字架，現在活著的不再是我，乃是基督在我裡面活著；並且我如今在肉身活著，是因信神的兒子而活；祂是愛我，為我捨己。」第一種力量就是「死」，第二種力量就是「新生命」。第一種力量來自自我的否定，第二種力量則來自對神主權和旨意完全的順服。

■ **請在下面空格上，填上形容兩種得勝力量的字詞。你可翻看上一個段落來核對答案。**

「我已經與基督______________________________，如今活著的____。」

當我們治死那屈服於世界、肉體和魔鬼的生命，我們就能活出勝過以上三種仇敵的生命。你已在先前的羅馬書6：11中，看過有關這樣的信息。

請再看一遍羅馬書6：11，然後用自己的説話，寫出這節經文的意思。

____

____

或許你會如此闡釋這節經文：我想我向罪是死的，但向主耶穌基督卻是活的。

剛才所闡釋的羅馬書6：11，正是本週金句——羅馬書6：12-13——之前的一節經文。請你大聲把本週金句朗讀出來，並重溫你曾背誦過的金句。

■ **你對於「因為耶穌勝過罪惡，所以我也能勝過罪惡」這句話有甚麼感受？請在下面選出來（你可以選擇多於一項）。**

□ 我不能相信這是真的，罪惡及魔鬼實在太強了，它們不是容易勝過的。

□ 我渴望能夠勝過罪惡，但我實在是個不配的人，神也許不會給我這個祝福。

□ 我是不配蒙神施恩的人，但我相信，神仍然會給我這寶貴的恩賜，所以，我會欣然接受勝過罪惡的能力。

□ 其他：______________________________

基督的得勝是主日崇拜及主日學中常見的講題。請你在第265頁的「聆聽神的話」表格中，記錄你在本週或未來數週，在主日崇拜或主日學中所聽到的信息，特別是有關「得勝的生活」的信息。

木匠工作坊

你如何憑著基督的得勝來除去舊人，並穿上新人？

昨天，你已檢討過自己學習除去貪婪這惡習的進度，今天，請寫下你撇棄這些惡習後，基督為你生命所加上的素質。

____

____

請在今天靈修時，細閱歌羅西書第三章。這是你在尋求如何才能活出基督的樣式時，曾讀過的第三段經文。請你一邊讀，一邊讓神對你説話。讀畢後，請完成下頁的「每日與主相交」。

神向我說甚麼：

我向神說甚麼：

第4天 抵擋試探

當你在教會中聽著一篇激勵人心的信息，或在家中個人靈修時，你也許會感到靠基督得勝並不是一件困難的事。但是，你若處身於工作的壓力下，或者面對著家庭的糾紛和個人的掙扎時，你是否還能堅稱自己有勝過這些困境的能力？

勝過試探的能力

你若要明白如何過得勝的生活，該先明白為甚麼罪會在你身上出現。罪乃由試探開始。希伯來書4：15（下）說：「祂也曾凡事受過試探，與我們一樣，只是祂沒有犯罪。」根據聖經，耶穌也與我們一樣，凡事受過試探，只是祂沒有犯罪。聖經給我們的應許真是寶貴！耶穌既然知道、明白我們所受的試探，祂就必定能救我們脫離仇敵的詭計，正如希伯來書2：18所說：「祂自己既然被試探而受苦，就能搭救被試探的人。」

■ **請細閱以下經文：**「你們所遇見的試探，無非是人所能受的。神是信實的，必不叫你們受試探過於所能受的；在受試探的時候，總要給你們開一條出路，叫你們能忍受得住。」（林前10：13）

試根據上述經文的意思，說明下列說話的錯謬：「有些試探實在太強，是人不能抵擋的。」

____

____

沒有試探是強得我們不能抵擋的，因為每次我們遇見試探時，神總會為我們開一條出路。

■ **馬太福音26：41這樣說：**「總要儆醒禱告，免得入了迷惑。你們心靈固然願意，肉體卻軟弱了。」

根據上述經文，你認為禱告與試探有甚麼關係？請選出正確的答案。

□ 禱告可令你不被試探。
□ 禱告可給你抵擋試探的力量。

剛才所讀的那段經文，正是耶穌與門徒在客西馬尼園所說的話。祂知道門徒除了要有願意的心外，還需要額外的屬靈能力，才能抵擋將要來臨的試探。祂也知道，他們需要藉著禱告來裝備自己。禱告並不能使我們免於試探，因試探是每時每刻都會出現在我們面前的，但禱告卻可以給我們屬靈的能力，叫我們可以抵擋試探。

逃避試探

試探就是在腦海中閃過的惡念和慾望。試探本身並不是罪，但若我們沉醉在這些思想中，並任由這些思想給我們暢快的感覺，我們便犯罪了。當世俗基督徒四處瀏覽罪惡的事物時，魔鬼就會向他打開大門，並邀請他進到牠那裡去。這時，這位世俗基督徒也許會回答說：「啊！不！我只是看看而已。」可是，對試探抱開放的態度，只會令罪有機會進入我們的生命中。

■ **對於試探，聖經如何警告屬靈基督徒？提摩太後書2：22如此說：**「你要逃避少年的私慾，同那清心禱告主的人追求公義、信德、仁愛、和平。」**根據經文，屬靈基督徒被警告要：**

□ 逃避試探

□ 尋找試探

剛才所讀的經文，指出了甚麼是屬靈基督徒應該追求的？

____

____

屬靈基督徒應該追求公義、信德、仁愛、和平。信徒若以公義生活、專心信靠、與人和平共處為目標，必能在試探中，穿起全副的軍裝，抵擋仇敵。

■ **請翻看在第221頁的個案，然後替每位個案人物，找出抵擋試探的步驟。**

茱莉：____

____

____

阿健：____

____

____

瑞雷：____

____

____

由於茱莉是個灰心喪志的人，因此她最容易受到撒但的攻擊。若要抵擋撒但，她必須向神承認自己在尋找工作時所受到的挫折，並回想過去，神在她身上所顯的信實。此外，她也要從聖經中尋找神看顧祂兒女的應許。她也可以徵詢其他信徒的意見，看看還有沒有其他可找到工作的辦法。她的經濟情況若是非常拮据，就該儘快申請經濟援助。

像阿健這樣在肉身上飽受折磨的人，若要抵擋試探，就必須有堅強的意志。如要堅強，阿健就必須倚靠聖靈。他可以把自己的身體狀況，和自己的將來全放在十字架下，並學習堅信那位創造他的、保守他直到今天的神，必然會繼續帶領他。他可以向神陳明自己孤單、無助的心情，也可以求神為他預備治療的方法，如其他治療的程序，和其他醫生的意見等。他也可以考慮其他賺錢的方法，如：留在家中工作或半職工作等，直至自己康復為止。

瑞雷的驕傲和自命不凡的性格，都是讓撒但入侵他生命的踏腳石。聖靈能夠讓瑞雷看見他自己的罪，並帶領他到神的面前，尋求赦免。瑞雷也可以重新評估自己運用時間和恩賜的方法。除了回到團契，與信徒重過相交的生活外，他也可以利用部分休閒的時間來參與教會的事奉。他要做的，就是要擺脫自我中心的生活，並轉以基督為他生命的中心。

■ **每一個人，甚至屬靈基督徒，都會犯罪。若聖靈讓你看到自己的罪時，你會怎樣做？請細閱約翰一書1：9-10，然後在下列各項中，選出正確的一項，並在橫線上加上「✓」。**

「我們若認自己的罪，神是信實的，是公義的，必要赦免我們的罪，洗淨我們一切的不義。我們若說自己沒有犯過罪，便是以神為說謊的，祂的道也不在我們心裡了。」（約壹1：9-10）

______ 1. 你應説：「我未曾犯過罪。」
______ 2. 你應承認自己的罪。
______ 3. 你應為自己的罪懲罰自己。

從來沒有人能靠自己勝過罪，因此，神要我們承認自己的罪。若我們認自己的罪，神便會按祂的應許，赦免我們一切的不義。上面正確答案是：2。

你認為你所認識的人中，有甚麼人是需要聽到神赦罪的信息呢？其實，很多在你身邊的人都為罪所捆綁，但他們不曉得，只要藉著神的應許，他們的罪便可被塗抹。你可藉著你的見證，向他們分享罪得赦免的信息。

請參考組長在上週給你的意見，把你的見證修改過來。請記緊你的見證不可多於三分鐘。你也得準備在課程之後的「見證實習坊」中，把你的見證分享出來。

根據本週金句，你應該怎樣對付你的罪？

____

____

■ 請你大聲朗讀本週金句，然後重溫你以前背誦過的金句。

請在今天靈修時，細閱約伯記第一章。該章記載了約伯在面對苦難時，仍堅持不肯犯罪的決心。讀畢後，看看神要藉著這段經文對你説些甚麼，並完成下頁的「每日與主相交」。

神向我說甚麼：

我向神說甚麼：

活出「門徒品格」

運用加拉太書5：16-25，並自己的話，說明如何能把「門徒品格」應用在日常生活中。在上週，你的組長應已向你說明有關的方法了。現在，請你依據右面的基本圖樣，說明應用「門徒品格」的步驟。把肉體之門關上，並在圓圈中畫上一個十字架，這十字架要把靈、肉體、思想、意志、情感都包括在內。在「肉體」之上，橫寫上「釘死」二字。在圓圈之上，寫上「行走」、「帶領」和「活著」，然後在它們之上，畫一個向上指的箭頭。在箭頭之上，寫上「聖靈的果子」五字，然後又在這五字之上，畫一個向上指著「神」字的箭頭。在圓圈的下面，寫上「邪情」、「私慾」，然後畫一個向下指的箭頭，並在箭頭下寫上「肉體的行為」。在「肉體的行為」下，又畫一個向下指的箭頭，箭頭要指著「撒但」二字。若你需要協助，可翻到第264頁。

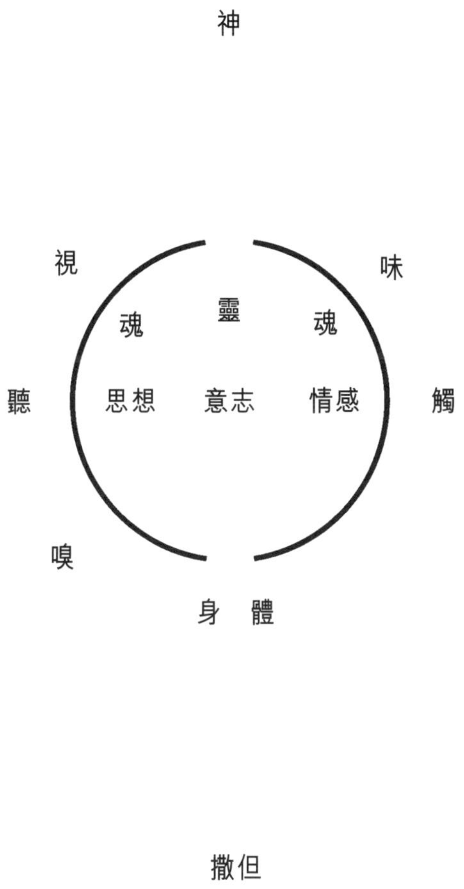

■ 現在，請你寫下你對「門徒品格」圖的解釋：

第5天

靠主得勝

我在某次講道後，乘飛機回家途中，一位也是參加該會議的姊妹走過來，坐在我和我太太旁，要告訴我一個靠主得勝的故事，這故事非常奇妙，是我以前未聽過的。雖然，這位姊妹現正在一個對福音封閉的國家中為主發光，但她之前卻有過不少傷心的經歷，只是她在向我複述這些經歷時，仿似已勝過了過去的一切。

這位姊妹有五位兄弟姊妹，父親是個酗酒的人。在十三歲那年，她就一個人走到街上露宿，並開始過著窮愁潦倒的生活。然而，她最後還是憑著堅毅的意志，考上了大學，並取得了小學教育的學位。之後，她便當上了教師。在教導一班小學生期間，她注意到一位九歲的小女孩，因她總是與其他同學有點不同似的。她其中一個與別不同的表現，就是會在放學後，替老師擦黑板和清理課室。而這位姊妹也漸漸與她成為了朋友。一天，那位小女孩問她有沒有上教堂去，她說，她以前曾跟母親去過。於是，這位女孩便要求這位姊妹助她溫習金句，因她必須要在受浸前把這些經文都背過來。沒想到這位姊妹看到的第一句經文，便是約翰福音 3：16。她一邊讀，一邊流淚，她回憶說：「我真的不能相信，我作了這麼多壞事，但神卻仍然愛我。」

後來，這位姊妹開始參加教會的聚會，並在聚會期間不斷飲泣。她說：「我對我的同居男友說，我們必須改變。」一天，當她的男友外出，她獨自回家時，竟發現一名男子潛進了她的家，正在搜掠財物。由於她沒有錢給他，這名男子便把她強姦了。這位姊妹繼續講述之後發生的事：「這事以後，我為他翻開了約翰福音3：16，那是我當時唯一認識的經文。他聽過這節經文後，也表示自己做錯了。他告訴我，他的媽媽患了急病，所以他必須替她找醫藥費。這時，他央求我的饒恕。而我則回答說：『*神已饒恕了我過去所作的一切，我又怎能不饒恕你呢？*』於是，我們一同跪下來，祈求神赦免他。而我也求神赦免我不聖潔的生活和接受我的悔改。兩星期之後，我回到教會去，決志相信主。由於我的男朋友不願相信主，所以，我離開了他。」

不久之後，這位姊妹便開始為她父母的得救禱告。六年之後，他們也真的決志接受了主。那時，她在教會中有美好的事奉，也曾到過墨西哥和比里茲宣教。現在，她已是一位正式的宣教士了。最後，她總結說：「我要因神的美善與慈愛讚美祂，我更要感謝祂，因祂給我機會，讓我可以向那些未聽聞福音的人，見證祂的大愛。」當她回到她的座位去時，我告訴自己：「深哉，神豐富的智慧和知識！祂的判斷，何其難測！祂的蹤跡，何其難尋！」(羅11：33) 當我聽見基督以厚恩待她，赦免她的罪，幫助她成為熱心為主作見證的人時，我就更清楚明白甚麼是在基督裡得勝了。

正如神赦免和接納了那位姊妹一樣，神也藉著十架上所成就的救贖來赦免和接納了我們。因此，你無須再憑自己的力量來糾正自己的錯誤，也無須因未能糾正自己的錯誤而感到失望，因為藉著耶穌在十字架上的代死，你已與基督同死、同復活，並且得稱為義了。

耶穌向門徒們保證，凡與祂一同受苦的，也必與祂一同作王。正如提摩太後書2：11-13說：「有可信的話說：『我們若與基督同死，也必與祂同活；我們若能忍耐，也必和祂一同作王；我們若不認祂，祂也必不認我們；我們縱然失信，祂仍是可信的，因為祂不能背乎自己。』」主的得勝不單是指著將來的事，也是指著現在的事。

木匠工作坊

聖靈有沒有在本週中，幫助你培養起基督的性情？你脫去舊人的進度如何？聖靈有沒有為你的生命加上新的特質？

■ **數天前，你已列出你要撇棄的貪婪行為。現在，請你想想自己貪婪的性格是否改變了，並完成下列的問題。**

我在本週所撇棄的行為：____________________

基督在本週為我生命加上的特質：____________________

■ **請現在停下來，感謝神藉著聖靈的恩賜，讓你能模成主的樣式。**

■ **試默想在過去的數星期，基督為你在道德上和屬靈上所贏得的勝利。並找出你在生活上仍未能得勝的地方。**

____

____

■ **請重溫在「門徒品格」講解結束時所說的，七個活出基督樣式的秘訣（見第263頁）。你認為你要實行哪幾個步驟，才能過天天得勝的生活？**

____

____

____

____

____

活出「門徒品格」

現在，你快要完成《塑造主生命》第二冊「品格篇」了。在完成課程之前，你必須向別人講述一遍你對「門徒品格」圖的理解。由於在課程開始時，你便不斷的學習這個「門徒品格」圖，因此，我相信你必定能夠畫出這個圖，並可以用自己的話把它向組員們解釋出來。若你需要協助，可翻到第247-263頁。

在本課程中，你已背誦了六句與「門徒品格」有關的經文，因此，我希望你能發現背誦經文的好處。你在本課程中所學的一切，都是需要花上時間的。因此，我希望你能把神的話好好的藏在心裡，讓你在不同的處境中，都能把神的話，以及「門徒品格」圖應用出來，這樣，你的時間便不會白花了。

請在下面空白處，寫下你曾背誦過的經文。看看你能否在不翻看前頁之情況下，把經文背誦出來。你也得準備在本課程完結時的「見證實習坊」上，向其他的組員講述你的見證。

羅馬書6：12-13 ________________________________

____

____

以弗所書5：18 ________________________________

____

____

腓立比書2：13 ____________________

____

____

羅馬書12：1-2 ____________________

____

____

加拉太書5：22-23 ____________________

____

____

哥林多前書6：19-20 ____________________

____

____

見證實習坊

透過本課程，你已學習了見證寫作的基本技巧，也應準備好了在見證實習坊中，把你的見證分享出來。我希望這次的分享，將會是你屬靈生命成長過程中，一個極有意義的經歷。

在「見證實習坊」之前，請你先反覆練習你的見證。緊記把你的見證控制在三分鐘內，並預備好以不同的方法，向不同的人（如：信仰懷疑者、慕道者、熱心追求者等）講述你的見證。

請在今天靈修時，細閱提摩太後書第二章，保羅在這章聖經中，教導了提摩太靠主得勝之道。讀畢後，請完成下面的「每日與主相交」。

神向我說甚麼：

____

____

____

____

我向神說甚麼：

____

____

____

____

本週有甚麼不同？

■ 重溫在本星期開始時的學習材料「本週與主同行」。若你已完成有關活動，請在該活動前的◇符號內畫一直線。若你還有未完成的習作，請你繼續完成它。

恭喜你，你已完成了《塑造主生命》第二冊「品格篇」。我希望在經過六星期的學習後，你能對如何才能活在聖靈中這問題，有新的灼見。要面對自己性格上的種種矛盾與衝突，其實並不是一件容易的事，因你需要承認自己的軟弱和失敗，但又有誰甘願承認自己是個容易跌倒的人呢？因此，我渴望透過本課程，你能看見自己軟弱的一面，並學會在適當的時候，把肉體之門關上。願聖靈賜你足夠的力量，讓你能常常在基督裡誇勝。

「見證實習坊」為我們提供了一個彼此相交，以及在靈裡長進的好機會。你的組長應該已把實習坊的詳情告訴了你。我相信，當你在實習坊中聽到聖靈在其他組員身上的工作時，你很可能會大受感動。而最重要的還是，當你不斷把你的見證修改、潤飾、並向人分享時，聖靈便會給你作見證的感動和力量——縱使你的見證只長三分鐘。此外，通過「見證實習坊」的訓練，你也會獲得你從未想過的力量與勇氣，以至你能放膽作見證。最後，你將會看到《塑造主生命》第三冊「得勝篇」的預告。我希望你會繼續參加第三冊的課程，讓自己能成為一個靠主得勝的好門徒。

門徒十架

「門徒十架」能讓你認識及明白作主門徒的義務和責任，同時，它也說明甚麼是平衡基督徒生活的六項操練。《塑造主生命》第一冊「十架篇」，不單清晰闡明了「門徒」在聖經中的意義，也詳細解釋了「門徒十架」圖的繪畫和說明方法。

《塑造主生命》第二冊「品格篇」除了不時提到門徒十架中的原則外，每週習作也往往與六項作主門徒的操練有關，因此，以下對門徒十架的概說，也許對你會有幫助：

作主的門徒，你要得著：

一位生命的主。

兩種關係：縱向的神與人關係，橫向的人與人關係。

三個行動：捨己，背起十字架，跟從基督。

四種讓你以主為中心的能力：神的話，禱告，相交和見證。

五項事工（從四種能力而來）：教導／講道，敬拜／代禱，牧養，佈道和服侍人。

六項作門徒的操練：與主同在，活在主的話語中，信心禱告，信徒相交，向世人作見證，彼此服侍。

通過以上的操練，你便能與基督結連，並被主大大的使用。

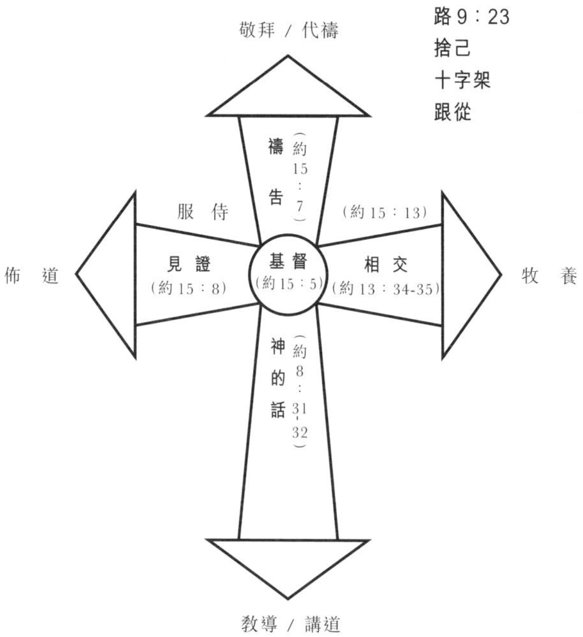
路9：23
捨己
十字架
跟從
敬拜／代禱
禱告（約15：7）
服侍
（約15：13）
佈道
見證（約15：8）
基督（約15：5）
相交（約13：34-35）
牧養
神的話（約8：31-32）
教導／講道

「門徒品格」講解

「門徒品格」乃是《塑造主生命》第二冊「品格篇」的學習焦點。透過相關的講解，你不單能明白自己思想、感覺和行為的成因，並且能説明如何能使自己的性格和行為更像主。

以下是向人説明「門徒品格」的步驟：每星期，你都會學習「門徒品格」圖的不同部分，以及相關的經文。無論你是在學習還是在重溫「門徒品格」的特質，你都會發現，圖像是最能助你把它們逐點解説的方法。然而，你無須把整個品格圖的內容背下來，因為在課程中，你將會學習如何以自己的話把「門徒品格」圖説明出來。「門徒品格」圖雖然複雜，但你不用擔心，因為你會以六星期的時間來學習它，而每星期也只會學習它的一小部分。在一步一步的學習下，相信在本課程結束時，你就能用自己的話把整個品格圖解説出來，並且可以背誦所有與之相關的經文了。

當你向人解釋甚麼是「門徒品格」時，你可在一張白紙上，畫出「門徒品格」圖。下列括號內的文字，便是你繪圖時的提示。你可根據以下的步驟來向其他人説明「門徒品格」圖。

你可曾想過：為甚麼自己會有如此的思想、感覺和行為，我可否透過繪圖的方法來明白我自己？「門徒品格」圖正是聖經對你品格説明的圖解，它能教導你如何讓主在你身上居首位，以及如何掌管你自己的生命。

一致的性格

（如下圖所示，請你在一張白紙上，畫上一個頂部和底部都有缺口的圓圈，然後在圓圈之上寫上「神」字。）神把你創造為一個有肉體、有靈魂的活人。人的肉體部分來自地上的塵土，而靈魂部分則源自神的靈。你所畫的圓圈代表著你——你的整個人格。基於聖經以人為獨立的個體，所以，我便以一個圓圈來代表你。在我解釋這個圓圈時，我會把你的品格一項一項的加進去。當你對自己品格中的不同特徵和它們的作用有所認識時，你便懂得如何在基督的主權下，把自己的品格重新塑造。

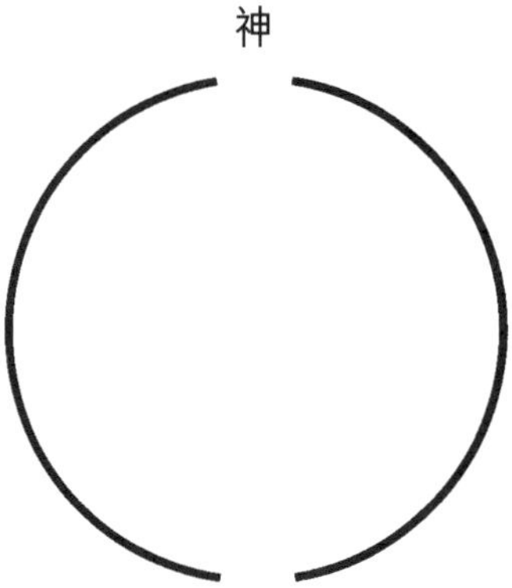

身體

（如下圖所示，在圓圈之下寫上「身體」二字，並在圓圈的周圍寫上五種感官機能。）聖經以身體來借代有血有肉的人。神用塵土造你，目的就是要你具備以下的功用：藉身體活在世上和藉五官的機能來認識神的創造。換句話說，藉著身體，你能認識這個世界和世界上的生物。另外，神也藉著身體，賜你其他人沒有的特徵，讓你建立自己獨特的品格。因此，神看你的身體是美好的。

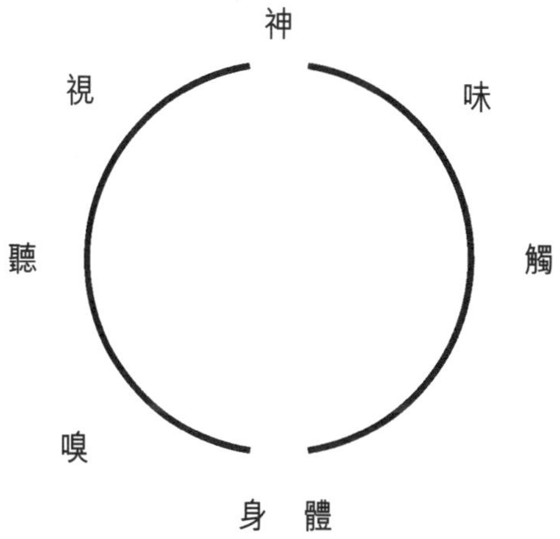

魂

（請根據下圖所示，在圓圈的內部上端寫上「魂」字，然後再依據下圖的位置，寫下「思想」、「意志」和「情感」。最後，請你在圓圈內部中央之上，寫上「靈」字。）聖經也形容人為魂。你不但有魂，而且你就是一個魂。據創世記2：7，神造人後，便向人的鼻孔吹氣，使人成了有靈的活人。神的舉動説明了祂要把自己的生命加給被造的人。在聖經中，「魂」的意思是「生命」或「自我」，因此，當聖經説，這個人的魂得救或失喪了，它指的是整個人的得救或失喪。有時，魂的意思也可以是思想，意志、慾望和感情的原因，簡單説，魂可代表內在的人。英文中的「心靈」（psyche）乃由希臘文「魂」（soul）這個字而來。「魂」有思想、意欲和感覺的能力，這些能力正好是人具有神的形像的佐證。而魂的三個要素——思想、意志、情感——便是組成我們品格的基本條件。

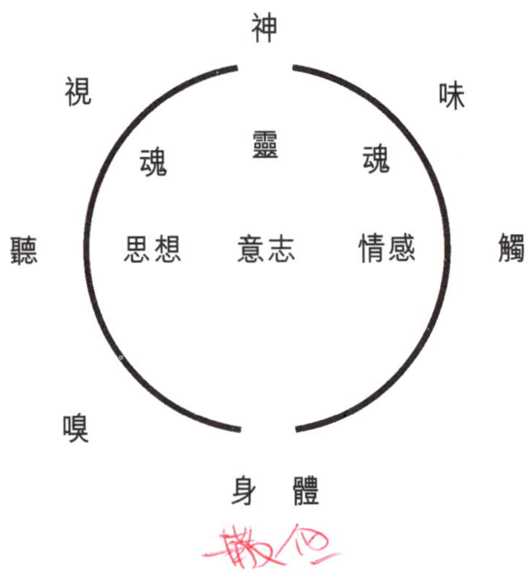

靈

聖經也把人描繪為靈。你的靈是神形像的反映，能讓你省察自己屬靈情況、與神相交、以及與神同工。透過靈，人可以與神直接交談。當神造了第一個人後，創世記1：31便說：「神看著一切所造的都甚好。」

自然人

肉體

（在圓圈之下寫上「撒但」二字。）神創造天地後，另一個靈界的物體便潛入了神所造的世界裡，牠就是撒但。人因受不了撒但的引誘，結果走上與神為敵的道路，而另一種性情亦因此進入了人的心，它就是肉體的性情。在聖經中，肉體有兩個意思，第一個的意思較為普遍，指的是有血有肉的身體。第二個意思是象徵性的，指的是人類次一等的本性。而我們也正是因這次一等的本性所驅使，才會不跟隨主，轉而跟隨撒但，並且不斷的犯罪。

（在圓圈的頂部和底部留下缺口，當作兩道敞開的門，並在兩道門內各畫一個手把。）「門徒品格」圖共有兩道門，頂部的門稱為「屬靈之門」，是我們與神相交的途徑。底部的門稱為「肉體之門」，就是引我們走上聽從撒但的路徑。神造人時，賦予人自由意志，正因人有了自由意志，才會在屬靈之門和肉體之門中徘徊，亦因這個原因，兩道門的手把才會在圓圈之內。

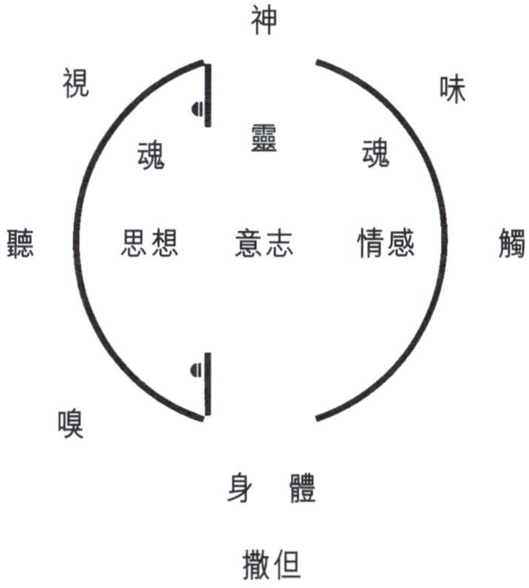

很可惜，當人類的始祖——亞當和夏娃被引誘，離開神而跟隨撒但時，人的自我（I）便取代了神在我們心中的地位。（如下圖所述，請你在兩道門中畫一直線，好組成一個「I」字，然後把圓圈的頂部連起來，表示屬靈之門已被關上。之後，請你再如下圖般，畫一斜線把靈字刪去，並寫上「肉體」二字，但你無須把肉體之門關上。）當屬靈之門被關上，人的靈性便會隨而死亡，相反，當肉體之門敞開，罪性便會成為人品格中的一部分，這樣的結果是可怕的，因為當肉體主宰我們的生命時，我們的思想、意志和情感便會被罪所侵蝕，而我們的人格——靈、魂、體——也都會被魔鬼和死亡所侵佔。

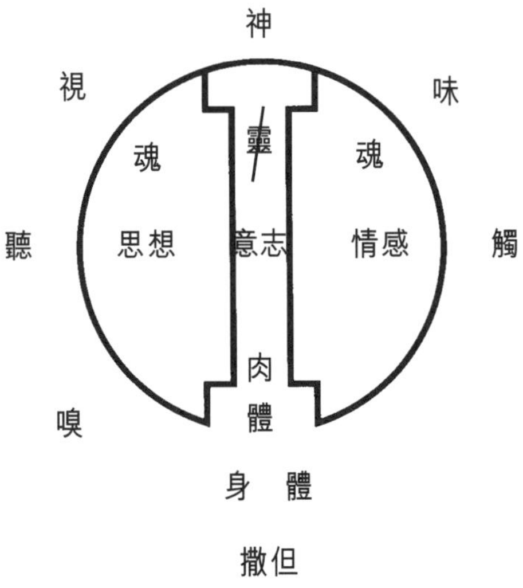

撒但的誘惑令人不再順服神，甚至令人只求享受罪中之樂。始祖的後裔也承襲了這種罪性，並活在充滿罪惡的環境中。由於人雖然有自由意志，但卻沒有選擇神的道路，所以人便是神旨意的違背者，要為關上屬靈之門和把神從心中驅逐出去負責。

自然人今天的處境

（在圓圈之上寫上「自然人」和林前 2：14）自然人以自我為中心，並且任由魔鬼的試探和能力攻擊自己。這樣的人不能與神建立良好的關係。哥林多前書2：14說：「然而，屬血氣的人不領會神聖靈的事，反倒以為愚拙，並且不能知道，因為這些事惟有屬靈的人才能看透。」

自然人的思想被魔鬼控制著，再加上他們的意志薄弱，所以他們本身也被情緒所控。但這並不是說，意志力強和受過操練的人，便能克服肉體的情慾。因為無論我們做了多少好事，只要我們是個自然人，我們便不能討神的喜悅。若沒有聖靈的帶領，我們是不能到神面前來的。

自然人

林前2：14

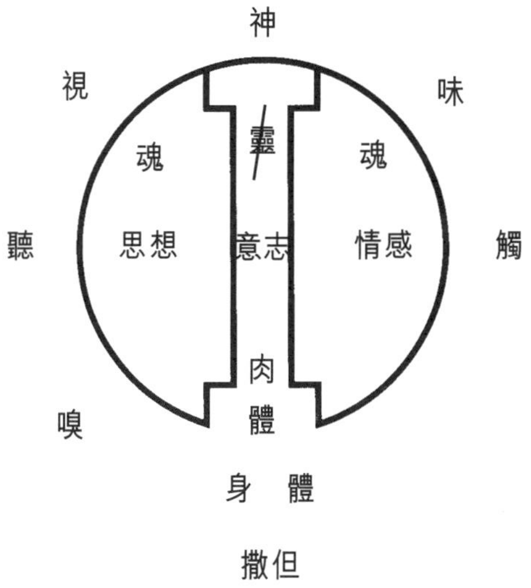

雖然你常常犯罪，但神仍深深的愛著你，所以，神差祂的獨生子到世間來，為你的罪付上贖價。因此，你不但不會滅亡，反而可以得著永遠的生命。藉著十字架上的死，耶穌不單把你從死亡和罪惡中拯救出來，更要把你帶到神的面前。耶穌在復活後，便差派聖靈到地上來，為的是要把人帶到神面前。

就算屬靈之門關上了，聖靈也能向自然人說話。若你願意順服聖靈的帶領，把屬靈之門開啟，神的靈便會進到你裡面，讓你的靈得著重生。

(若你要向一位未信主的朋友講解「門徒品格」圖，可以直接向他說明「屬靈基督徒」的部分。若你要向一位信徒講解「門徒品格」圖，則可先向他說明「世俗基督徒」的特點。)

世俗基督徒

(請按下面所示，把圖畫出來。它與前面的插圖基本上是一樣的，只是它沒有在「靈」字上面畫線，而兩道門也都是敞開的。請你在圓圈之上，寫上「世俗基督徒」的標題，以及林前3：1-3。)現在，我會畫一個具有「世俗基督徒」特質的圓圈，這樣的基督徒雖然把屬靈之門開啟，但也同時敞開了肉體之門，他們雖然已經重生，但卻仍然在肉體中活著。

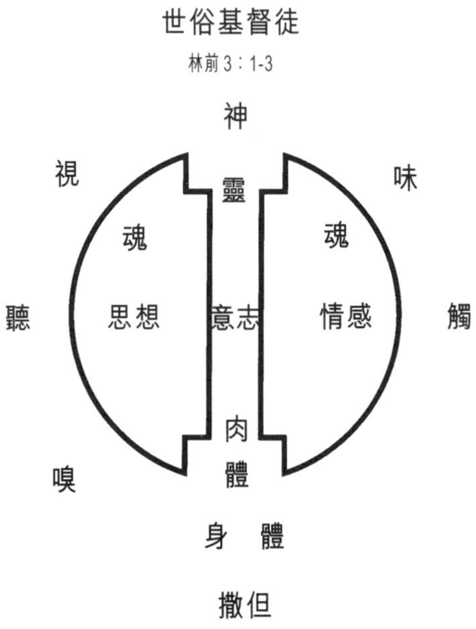

某程度上，這些信徒也明白基督是賜永生的神，因此，他們願意把屬靈之門開啟，並懂得靠著聖靈的能力來獲得永生。換言之，這樣的信徒已經靠著聖靈得生，並且在基督的性情上有分，可是，他們卻未能長大。

彼得後書1：3-4說：「神的神能已將一切關乎生命和虔敬的事賜給我們，皆因我們認識那用自己榮耀和美德召我們的主。因此，祂已將又寶貴又極大的應許賜給我們，叫我們既脱離世上從情慾來的敗壞，就得與神的性情有分。」然後，這章聖經便列出基督徒生命得以成長的條件：「你們要分外的殷勤；有了信心，又要加上德行；有了德行，又要加上知識；有了知識，又要加上節制；有了節制，又要加上忍耐；有了忍耐，又要加上虔敬；有了虔敬，又要加上愛弟兄的心；有了愛弟兄的心，又要加上愛眾人的心。」（彼後1：5-7）沒有這些條件的信徒，他／她就只會是閒懶的、不結果子的、短視的、眼瞎的，甚至「忘了他舊日的罪已經得了潔淨。」（彼後1：8-9）以上描寫的，都是世俗基督徒的特徵。當基督徒沒有接受如何在主裡成長和生活的訓練時，他們的生命就會停留在剛剛得救的地步。若他們仍不積極追求長進，無論他們信主有多久，他們都只是屬靈的嬰孩。哥林多前書3：1-3如此形容不長進的信徒：「弟兄們，我從前對你們説話，不能把你們當作屬靈的，只得把你們當作屬肉體，在基督裡為嬰孩的。我是用奶餵你們，沒有用飯餵你們。那時你們不能吃，就是如今還是不能。你們仍是屬肉體的，因為在你們中間有嫉妒、分爭，這豈不是屬乎肉體、照著世人的樣子行麼？」

（如下圖所示，把圓圈內的「靈」字填粗。）我把圖中的「靈」字填粗，以表示當我們重生時，聖靈便會永遠成為我們生命的一部分。世俗基督徒最大的錯誤，就是任由肉體之門敞開，以至肉體成為他們思想、意志和情感的主人，而撒但亦因此有機會進入他們的生命中。「世俗」的意思就是「肉體」或「感官」，因此，世俗基督徒很容易會偏離屬靈的道路，並跟隨感官和墮落了的性情而行。

世俗基督徒

林前 3：1-3

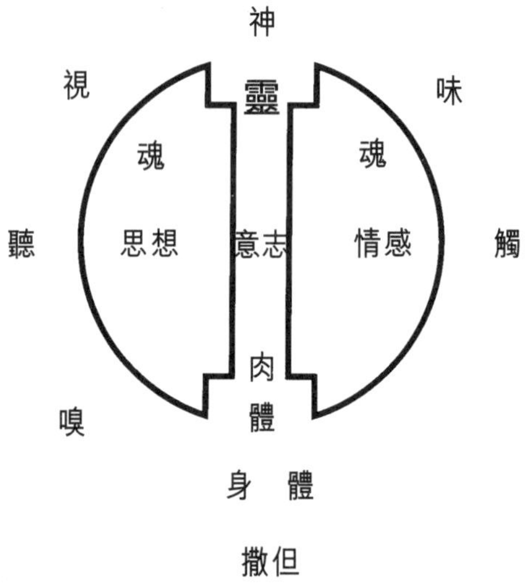

無可否認，當你嘗試在思想、價值觀和行為上跟隨基督時，你的內心必然有所掙扎。你可知道，為甚麼你會有這些掙扎？當我們不讓基督一直藉著聖靈來掌管我們的生命時，我們便是世俗的基督徒。世俗基督徒雖然已讓基督進入他們的生命中，但卻仍然嘗試著要控制自己的生命。圖中那個大型「I」字所代表的老我、天然的我便是控制著世俗基督徒的東西，因此，世俗基督徒不愛跟隨聖靈的帶領，反而任由肉體之門敞開著，甚至容許舊人的本性決定他們的思想、行為和感受。

正因你生命中既有因肉體而來的撒但的聲音，也有聖靈向你所說的神的聲音，亦有經由思想、意志及情感等構成的自我的聲音，所以你的內心便充滿了掙扎。你的內心正是一個戰場！然而，你是否有把握在這個戰事中得勝呢？請你不要灰心，因為基督要成為你的主，並帶領你在這場戰爭中得勝。

屬靈基督徒

（請畫出另一個圓圈，並在圓圈內加上你曾在「門徒品格」圖中使用過的字詞。然後參照下圖，為這個圓圈加上一個十字架，之後，請把屬靈之門開啟，並把肉體之門關上。請你參照下圖，在圓圈之上寫上「屬靈基督徒」和加2：20。最後，在「肉體」二字之上，橫著寫上「釘死」二字。）我會把有關圓圈再畫一次，來說明甚麼是屬靈基督徒。主應許給祂的門徒勝過世界、肉體和魔鬼的能力，以下便是我們致勝的方法：你的意志位於屬靈之門和肉體之門中，而屬靈之門是敞開的，肉體之門則是閉上的，這表示你願意讓基督通過屬靈之門進到你的生命中，並讓基督掌管你的生命。這時，基督的死和和復活便能為你帶來得勝的生命，而你也可以說使徒保羅在加拉太書2：20所說的話：「我已經與基督同釘十字架，現在活著的不再是我，乃是基督在我裡面活著；並且我如今在肉身活著，是因信神的兒子而活；祂是愛我，為我捨己。」

屬靈基督徒

加2：20

要過得勝的生活，你就得看自己的肉體是已被釘死的。由於你天天把你的肉體釘死，所以住在你裡面的基督便能助你打開屬靈之門，並替你關上肉體之門。當你把「老我」治死時，聖靈就能把得勝的生命天天加給你，這樣，你就能被聖靈充滿，也能活在聖靈中。而神也可因此掌管你的思想、意志、情感、靈魂和身體。

相信你現在已明白自然人和世俗基督徒的不同，也明白屬靈基督徒是與聖靈同行，不順服肉體的主的門徒。

過得勝的生活

(在「意志」之下，寫上腓2：13；在「靈」之上，寫上弗5：18；在「思想」之下，寫上羅12：2；在「情感」之下，寫上加5：22-23；在「肉體」之下，寫上羅6：12-13。請你一邊寫出這些經文，一邊把它們背誦或朗讀出來。）你要得勝，就得參與屬靈的爭戰，因為你既然活在肉體之中，你就得打信心的仗。然而，神早已應許了我們是必會得勝的。讓我現在以實際可行的方法向你說明，讓基督管理你品格和住在聖靈中的方法。

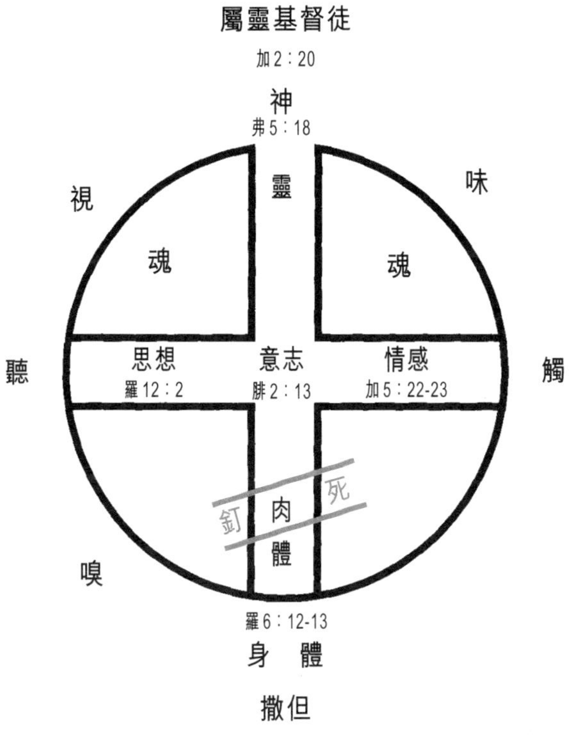

腓立比書2：13：「*因為你們立志行事，都是神在你們心裡運行，為要成就祂的美意。*」神給你渴望完成祂旨意的心志，並賜給你足夠的能力，讓你能完成祂的旨意。當你立志完成神的旨意時，你便可以宣告加拉太書2：20為你個人的經歷。

以弗所書5：18：「*乃要被聖靈充滿。*」要成為主的門徒，你便不能單單要求聖靈充滿你的品格，也得要求聖靈不住的充滿你，因為只有這樣，聖靈才能引導你、教導你、並給能力，使你成為一個屬靈人。

羅馬書12：2：「不要效法這個世界，只要心意更新而變化，叫你們察驗何為神的善良、純全、可喜悅的旨意。」

加拉太書5：22-23：「聖靈所結的果子，就是仁愛、喜樂、和平、忍耐、恩慈、良善、信實、溫柔、節制。這樣的事，沒有律法禁止。」當你願意被神的靈充滿，你便能結出聖靈的果子。而聖靈的果子不單能助你培養正面的情緒、也能助你控制自己的情緒。

羅馬書6：12-13：「所以，不要容罪在你們必死的身上作王，使你們順從身子的私慾。也不要將你們的肢體獻給罪作不義的器具；倒要像從死裡復活的人，將自己獻給神，並將肢體作義的器具獻給神。」你的身體是神給你的禮物，有了身體後，你便能肯定自己的身分、參與在這個世界中、與其他人溝通。身體並不是邪惡的，邪惡的乃是你的肉體和罪性。基督住在你裡面，目的就是令你的肢體不會成為不義的器具，而成為義的器具。總言之，把你的身體和肢體獻上，你便能為神作更美的事。

（在圓圈下面的左邊寫上林前6：19-20，右邊寫上羅12：1。）視身體為邪惡的工具，並對之施以刑罰，並不是聖經的教導。哥林多前書6：19-20說：「豈不知你們的身子就是聖靈的殿麼？這聖靈是從神而來，住在你們裡頭的；並且你們不是自己的人，因為你們是重價買來的。所以，要在你們的身子上榮耀神。」羅馬書12：1又說：「所以弟兄們，我以神的慈悲勸你們，將身體獻上，當作活祭，是聖潔的，是神所喜悅的；你們如此事奉，乃是理所當然的。」聖經說，基督道成肉身來到世間，表明了祂就是道的本體，祂再來的時候，要給你一個與祂一樣的靈體。

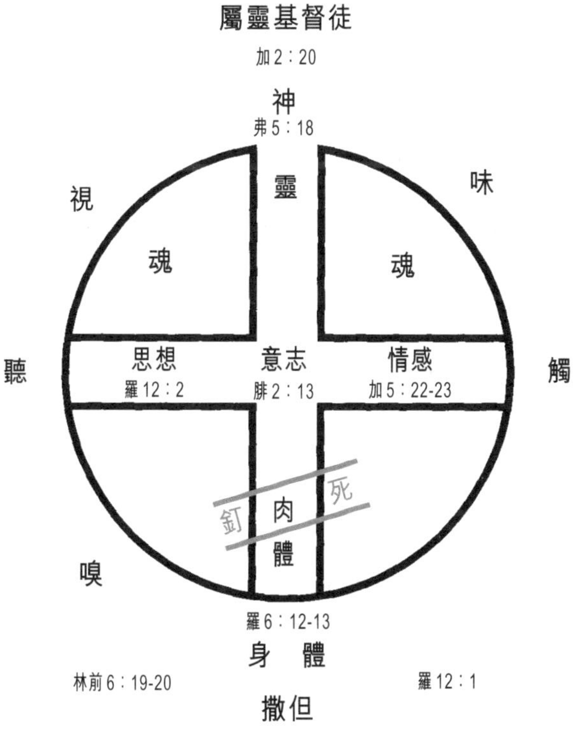

當你完全的順服神，聖靈便會藉著從神而來的能力，幫助你管理自己的思想、意志、情感、身體和靈魂。正如加拉太書2：20所說，你現在的生活，正是「因信神的兒子而活」。若你能順服基督和祂的命令，祂就住在你裡面，而你也住在祂裡面。這意思就是：基督透過你來活在人間。基督的內住是你重塑自我的契機，也是你經歷從上頭而來的平安的機會。若你不斷的被聖靈充滿，你便能不斷活出喜樂、仁愛、和平、讚美和感謝的生命，此外，基督在你裡面的生命也會如活水江河般湧流出來，成為美好的見證。

你是誰？

請你現在檢討你的生命。

- 你是否一個靈性死亡的自然人？你是否被你的感官和慾望所控制？
- 你是否一個世俗基督徒？雖然你已經讓基督進入你的生命中，但你的生命是否仍然被邪情私慾所控制著？你的「老我」是否仍在你的生命中掌權？
- 你是否一個屬靈基督徒？你有否與基督同死？你的生命又是否被聖靈所管治？

（在加 2：20 之下，寫上帖前 5：23-24 。）帖撒羅尼迦前書 5：23-24 說：「願賜平安的神親自使你們全然成聖！又願你們的靈與魂與身子得蒙保守，在我主耶穌基督降臨的時候，完全無可指摘！那召你們的本是信實的，祂必成就這事。」

屬靈基督徒並不是完全的，但他們願意天天治死自己的肉體，也樂意讓聖靈天天充滿他們。當他們遇見試探時，他們會邀請基督進到他們的生命中，並把肉體之門關上。若他們犯了罪，他們不單會求神赦免，更會祈求聖靈給他們力量，讓他們能克服未來的試探。

屬靈基督徒

加2：20

帖前5：23-24

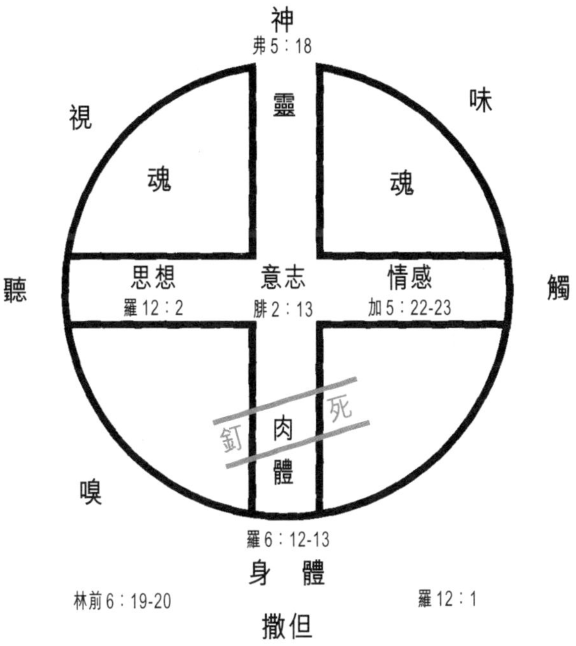

請緊記以下七個活出基督樣式的秘訣：

1. 求神藉著聖靈的帶領，讓你能一心行合神心意的事。
2. 求聖靈充滿你，並開啟你屬靈之門，歡迎聖靈進入。
3. 藉著認罪，並宣告耶穌已把你的肉體釘死，向撒但關上肉體之門。
4. 透過背誦神的話來更新你的心意。
5. 結出屬靈的果子，讓聖靈來管理你的情緒。
6. 把你的肢體獻給神，讓它們成為義的器具。
7. 你要盡心、盡性、盡意、盡力愛主你的神。

活出門徒品格

雅 4：1-8

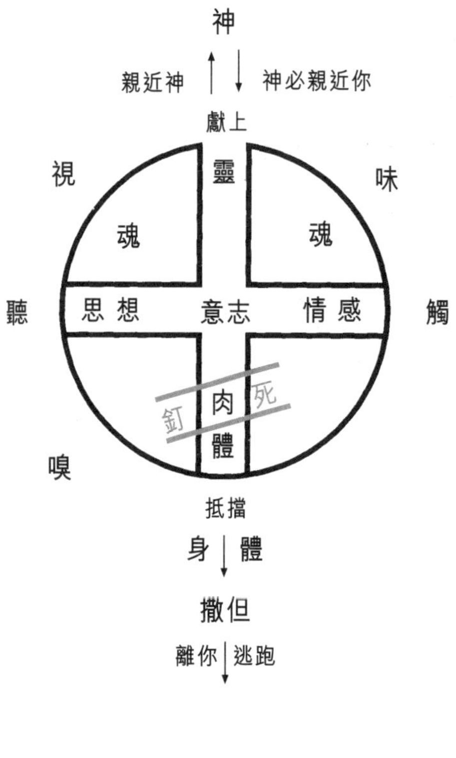

加 5：16-25

聆聽神的話

日期 ______________ 地點 ______________

講員 ______________ 經文 ______________

題目 ______________

信息

重點、解釋、例證、應用

總結

講員在信息中，有沒有要求我要實踐的、成為的、或(和)感受甚麼的？

生活應用

透過這篇信息，神要向我說甚麼？

如何才能令自己的生活合乎信息的標準？

我當怎樣行，才能令自己成為神話語的跟隨者？

有甚麼真理，是我需要繼續學習的？

禱告簿

事項　日期	聖經應許	應允　日期